AS MARGENS E O DITADO

ELENA FERRANTE

AS MARGENS E O DITADO

SOBRE OS PRAZERES DE LER E ESCREVER

Tradução de Marcello Lino

Copyright © 2021 by Edizioni E/O

TÍTULO ORIGINAL
I Margini e Il Dettato

PREPARAÇÃO
Milena Vargas

REVISÃO
Eduardo Carneiro
Juliana Souza

PROJETO GRÁFICO E DIAGRAMAÇÃO
Ligia Barreto | Ilustrarte Design

CAPA
Direção de arte: Emanuele Ragnisco
Ilustração: Andrea Ucini

CRÉDITOS DAS CITAÇÕES
Página 18: Italo Svevo, *A consciência de Zeno*. Tradução de Ivo Barroso. Editora Nova Fronteira, 2001.
Páginas 36-37: Samuel Beckett, *O inominável*. Tradução de Waltensir Dutra. Editora Nova Fronteira, 1989.
Página 49: Denis Diderot, *Obras IV — Jacques, o fatalista e seu amo*. Tradução de J. Guinsburg. Editora Perspectiva, 2006.
Página 69: Gertrude Stein, *A autobiografia de Alice B. Toklas*. Tradução de Milton Persson. Editora L&PM, 2020.
Página 79: Fiódor Dostoiévski, *Memórias do subsolo*. Tradução de Boris Schneiderman. Editora 34, 2009.
Páginas 106-107: Dante Alighieri, *A divina comédia*. Tradução de Italo Eugenio Mauro. Editora 34, 1998.

CIP-BRASIL. CATALOGAÇÃO NA PUBLICAÇÃO
SINDICATO NACIONAL DOS EDITORES DE LIVROS, RJ

F423m

    Ferrante, Elena, 1943-
        As margens e o ditado : sobre os prazeres de ler e escrever / Elena Ferrante ; tradução Marcello Lino. - 1. ed. - Rio de Janeiro : Intrínseca, 2023.
        128 p. ; 21 cm.

    Tradução de: I margini e il dettato
    ISBN 978-65-5560-370-5

    1. Ferrante, Elena, 1943- - Biografia. 2. Ensaios literários. 3. Escritores italianos. I. Lino, Marcello. II. Título.

22 81246   CDD: 928.51
                        CDU: 929:821.131.1

Gabriela Faray Ferreira Lopes - Bibliotecária - CRB-7/6643

[2023]
Todos os direitos desta edição reservados à
Editora Intrínseca Ltda.
Rua Marquês de São Vicente, 99, 6º andar
22451-041 – Gávea
Rio de Janeiro – RJ
Tel./Fax: (21) 3206-7400
www.intrinseca.com.br

SUMÁRIO

Nota da editora italiana   7

A caneta e a pena   11

Água-marinha   41

Histórias, eu   71

A costela de Dante   101

NOTA DA EDITORA ITALIANA

Este livro se originou a partir de um e-mail assinado pelo professor Costantino Marmo, diretor do Centro Internazionale di Studi Umanistici "Umberto Eco". O texto está parcialmente transcrito abaixo:

"Gosto de pensar no outono de 2020 como a época ideal para três conferências que Elena Ferrante poderia apresentar na Universidade de Bolonha, para toda a comunidade, em três dias seguidos, sobre assuntos relacionados à sua atividade como escritora, à sua poética, à sua técnica narrativa ou qualquer outro tema de seu agrado, e que possam ser de interesse de um grande público não especializado.

"As *Eco Lectures* são parte de uma tradição de *Lectiones magistrales* realizadas por personalidades das culturas nacional e internacional que Umberto Eco, então diretor da Scuola Superiore di Studi Umanistici, decidiu propor à universidade e à cidade de Bolonha nos primeiros anos deste século. A primeira série foi realizada por Elie Wiesel (em janeiro do ano 2000) e a última por Orhan Pamuk (na primavera de 2014)."

Depois, houve a pandemia, a quarentena, e os encontros públicos se tornaram impossíveis. Entretanto, Elena, depois de aceitar o convite, já escrevera as três conferências. Assim, em novembro de 2021, a atriz Manuela Mandracchia encenou os três textos, nas vestes de Elena Ferrante, no Teatro Arena del Sole de Bolonha, em colaboração com o ERT — Emilia Romagna Teatro.

O percurso de leitura e escrita da autora continua, aqui, com um ensaio, "A costela de Dante", escrito a convite da ADI, Associazione degli Italianisti, do professor Alberto Casadei e do presidente da ADI, Gino Ruozzi. A intervenção concluiu a conferência *Dante e altri classici* [Dante e outros clássicos] (29 de abril de 2021) e foi lida pela estudiosa e crítica Tiziana de Rogatis.

Sandra Ozzola

A CANETA E A PENA

Senhoras e senhores,
esta noite falarei da ânsia de escrever e das duas modalidades de escrita que acredito conhecer melhor: a primeira, aquiescente; a segunda, impetuosa. No entanto, começarei, se me permitirem, dedicando algumas linhas a uma menina que me é muito cara e a seus primeiros contatos com o alfabeto.

Recentemente, Cecilia — eu a chamo assim especialmente para vocês — quis me mostrar que sabia escrever bem o próprio nome. Dei-lhe uma caneta e uma folha, daquelas que uso para a impressora, e ela me ordenou: "Olha"; depois escreveu "Cecilia" com uma concentração sofrida — uma letra após outra, em letra de forma —, os olhos apertados como se corresse perigo. Fiquei contente, mas também um pouco ansiosa. Em alguns momentos, pensei: agora vou ajudá-la, guiar-lhe a mão. Eu não queria que ela errasse. Entretanto, ela fez tudo sozinha. Nem mesmo se preocupou em começar a escrever a partir do topo da página. Mirou ora para cima, ora para baixo e atribuiu a cada consoante, a cada vogal, dimensões casuais, uma grande, uma pequena, uma média, deixando um espaço conspícuo entre uma letra e outra. Por fim, virou-se para mim e quase gritou: "Viu?", com uma necessidade imperativa de ser elogiada.

Eu, é claro, a parabenizei — e muito —, mas com um leve incômodo. Por que aquele medo de que ela errasse? Por que aquele impulso de guiar-lhe a mão? Fiquei pensando nisso ultimamente. Com certeza, muitas décadas atrás, eu também devo ter escrito da mesma forma irregular, em folhas dispersas, com a mesma concentração, a mesma apreensão, a mesma necessidade de elogios. Contudo, para ser honesta, devo dizer que não tenho nenhuma lembrança disso. As minhas primeiras lembranças de escrita estão relacionadas aos cadernos da escola primária. Tinham — não sei se os de hoje têm — linhas pretas horizontais traçadas de maneira a delimitar espaços de diferentes medidas. Assim:

A distribuição dos espaços mudava entre a primeira e a quinta séries do antigo ensino fundamental. Se você disciplinava a mão e aprendia a manter sobre a linha letras pequenas, redondas, e letras que se empinavam para o alto ou escorregavam para baixo, era aprovada e os segmentos horizontais que cortavam as folhas de ano em ano se reduziam até se tornarem, na quinta série, uma única linha. Assim:

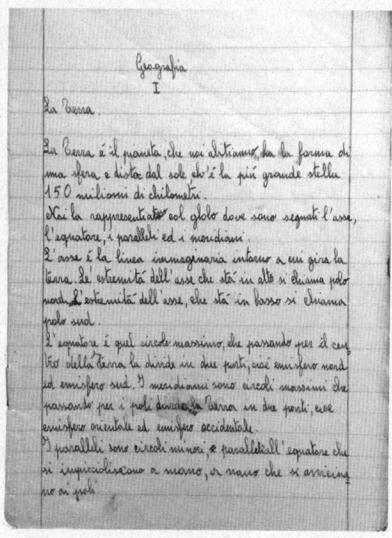

Então você já era grande — havia começado o percurso escolar com seis anos e agora tinha dez —, e era grande porque sua grafia corria em ordem pela página.

Corria para onde? Bem, delimitando a folha branca não havia apenas as linhas pretas horizontais, mas também duas linhas vermelhas verticais, uma à esquerda e outra à direita. Escrever era movimentar-se dentro daquelas linhas, e aquelas linhas — disso me lembro com muita nitidez — foram a minha cruz. Estavam ali com o intuito de assinalar, também por meio da cor, que, se a sua escrita não ficasse fechada dentro daqueles fios estendidos, você seria punida. Eu, porém, me distraía facilmente quando escrevia e, embora quase sempre respeitasse a margem esquerda, muitas vezes ultrapassava a direita, fosse para completar uma palavra, fosse porque havia chegado a um ponto em que era difícil dividi-la em sílabas e passar para a linha seguinte sem ultrapassar a margem. Fui punida com tanta frequência que a noção de limite se tornou parte de mim e, quando escrevo à mão, sinto a ameaça daquele fio vermelho vertical, embora há muito tempo ele não exista mais nas folhas que uso.

Então, o que dizer? Hoje, suspeito que a minha grafia — digamos — à moda de Cecilia foi parar dentro ou embaixo da grafia daqueles cadernos. Não me lembro dela, mas sei que deve estar ali, enfim educada a ficar sobre as linhas e entre as margens.

Aquele primeiro esforço é provavelmente a matriz que até hoje emana uma sensação de vitória toda vez que algo antes obscuro passa, de repente, de invisível a visível, graças a uma primeira cadeia de sinais na folha ou na tela do computador. É uma combinação alfabética provisória, certamente imprecisa, mas está diante dos meus olhos, muito próxima dos primeiros impulsos do cérebro, mas também, aqui fora, já distante. Esse acontecimento tem, para mim, tal magia infantil que, sim, se eu tivesse de simbolizar graficamente a energia, recorreria à desordem com que Cecilia escreveu o nome dela, insistindo que eu olhasse e naquelas letras a visse e reconhecesse com entusiasmo.

Na minha ânsia de escrever, desde o início da adolescência, manifestam-se provavelmente tanto a ameaça daquelas linhas vermelhas — minha grafia é ordenada ao extremo, e, até quando uso o computador, depois de poucas linhas, vou logo ao ícone de alinhamento e clico na opção que as deixa todas do mesmo comprimento — quanto o desejo e o medo de violá-las. De modo mais geral, acho que a minha ideia de escrita — e também todas as dificuldades que arrasto comigo — está relacionada à satisfação de ficar plenamente dentro das margens e, ao mesmo tempo, à impressão de uma perda, de um desperdício, por ter conseguido.

Comecei com uma menina que tenta escrever o próprio nome, mas agora, para prosseguir, gostaria de convidá-los a ficar um pouco entre as linhas de Zeno Cosini, o protagonista do grande livro de Italo Svevo, *A consciência de Zeno*. Zeno é surpreendido justamente em seu esforço para escrever, e esse esforço, a meu ver, não difere muito do de Cecilia. Vamos ler:

> Depois do almoço, comodamente esparramado numa poltrona de braços, eis-me de lápis e papel na mão. Tenho a fronte completamente descontraída, pois eliminei da mente todo e qualquer esforço. Meu pensamento parece dissociado de mim. Chego a vê-lo. Ergue-se, torna a baixar... e esta é sua única atividade. Para recordar-lhe que é meu pensamento e que tem por obrigação manifestar-se, empunho o lápis. Eis que minha fronte se enruga ao pensar nas palavras que são compostas de tantas letras. O presente imperioso ressurge e ofusca o passado.

Com alguma frequência, quem escreve começa a narrar exatamente a partir do momento em que se prepara para realizar sua tarefa. Na verdade, eu diria que isso sempre aconteceu. A maneira como imaginamos arrastar para fora, por meio da palavra escrita, um "dentro" fantasmático, por sua natureza sempre fugidia, mereceria mais atenção quando se discute literatura. É algo que me fascina, e coleciono obsessivamente trechos desse tipo. Essa passagem de Svevo sempre me impressionou, desde garota. Eu escrevia o tempo todo, embora fosse algo cansativo e quase sempre decepcionante. Quando li aquele trecho, tive certeza de que Zeno Cosini tinha problemas semelhantes aos meus, mas que sabia muito mais a respeito.

Svevo, como vocês ouviram, destaca que tudo começa com um lápis e um pedaço de papel. Depois acontece uma cisão surpreendente: o eu de quem quer escrever se separa do próprio pensamento e, com essa separação, vê aquele pensamento. Não é uma imagem fixa e definida. O pensamento-visão se mostra como algo em movimento — levanta-se e abaixa-se — e tem a tarefa de se manifestar antes de desvanecer. O verbo é esse mesmo, "manifestar-se", o que é significativo, pois remete a uma ação que se realiza graças à mão. Aquilo que está diante dos olhos do eu — algo móvel, portanto vivo — deve ser "captado com a mão" dotada de lápis e transformado, no pedaço de papel, em palavra escrita. Parece uma operação fácil, mas a testa de Zeno, antes descontraída, se enruga, o esforço não é pouco. Por quê? Aqui Svevo faz uma observação que prezo muito. O esforço se deve ao fato de que o presente — todo o presente, até o do eu que escreve, uma letra após outra — não consegue reter com nitidez o pensamento-visão, que sempre vem antes, que é sempre o passado e que, por isso, tende a se ofuscar.

Eu lia aquelas poucas linhas, arrancava delas a ironia, forçava-as, adaptava-as como queria. E imaginava uma corrida contra o tempo, uma corrida na qual quem escreve sempre fica para trás. De fato, enquanto as letras se alinhavam rapidamente uma após outra, impondo-se, a visão fugia e a escrita estava sempre fadada a uma incômoda aproximação. A escrita demorava demais para fixar a onda cerebral. "Todas aquelas letras" eram lentas, pelejavam para capturar o passado enquanto elas mesmas se tornavam passado, muito se perdia. Quando relia o que havia escrito, eu tinha a impressão de que uma voz, que em minha cabeça era impetuosa, carregava consigo mais do que depois se tornara de fato letra.

Não me lembro de um dia ter pensado, quando menina, que uma voz estranha habitava em mim. Não, nunca senti esse mal-estar. As coisas se complicavam, porém, quando eu escrevia. Eu lia muito, e tudo o que me agradava quase nunca era escrito por mulheres. Das páginas, parecia sair uma voz masculina, e aquela voz me ocupava, eu tentava imitá-la de todas as maneiras. Ainda por volta dos treze anos — só para me ater a uma lembrança nítida —, quando eu tinha a impressão de que escrevia bem, parecia que tinha sido alguém a me dizer o que deveria ser escrito e como. Algumas vezes, aquele alguém era do sexo masculino, mas invisível. Eu nem sabia se ele tinha a minha idade, se já era adulto ou então velho. De um modo mais geral, devo confessar, eu imaginava me tornar homem, mas, ao mesmo tempo, permanecendo mulher. Ainda bem que essa impressão sumiu quase totalmente no fim da adolescência. Digo "quase" porque, se a voz masculina foi embora, permaneceu em mim um obstáculo residual, a impressão de que era justamente o meu cérebro de mulher que me freava, que me limitava, como uma lentidão congênita. Escrever já era, por si só, difícil, e ainda por cima eu era mulher e, portanto, nunca conseguiria fazer livros como os dos grandes escritores. A qualidade da escrita daqueles textos, sua potência, acendia minhas ambições, me ditava intenções que pareciam estar muito além das minhas possibilidades.

Depois, talvez no fim do ensino médio, não me lembro, deparei por puro acaso com *Rime*, de Gaspara Stampa, e um soneto em particular me marcou. Hoje sei que ela usava um dos grandes lugares-comuns da tradição poética: a insuficiência da língua diante do amor, seja o amor por um outro ser humano, seja o amor por Deus. Naquela época, porém, eu não sabia disso e fiquei encantada sobretudo com aquela sua produção em ciclo contínuo de mal de amor e palavra escrita que, todavia, a levava sempre, inevitavelmente, a descobrir a disparidade entre o canto e a matéria do canto, ou, com uma das suas fórmulas, entre o objeto vivo que acende o fogo do amor e "a língua morta encerrada em véu humano". Os versos, que na época li como se estivessem se dirigindo diretamente a mim, são estes:

> Se eu, por ser abjeta e vil
> mulher, posso ter em mim tão alto fogo,
> por que não posso pelo menos um pouco
> retratá-lo para o mundo com inspiração e estilo?
> Se Amor, com novo e insólito arcabuz,
> ergueu-me até onde não podia eu chegar,
> por que, não com jogo habitual,
> não pode pena e pluma em mim igualar?
> E, se não por força da natureza,
> talvez algum milagre vença,
> ultrapasse e rompa as medidas.
> Como poderia acontecer, não sei dizer;
> só sei que, para minha grande ventura,
> sinto no coração um estilo novo impresso.

Depois ocupei-me de modo mais sistemático de Gaspara Stampa. Contudo, naquela época, vejam só, logo me impressionou aquela declaração no primeiro verso: "mulher abjeta e vil". Se eu, Gaspara me dizia, eu que me sinto uma mulher descartável, uma mulher sem valor algum, sou, no entanto, capaz de trazer dentro de mim uma chama de amor tão forte, por que eu não deveria ter pelo menos um pouco de inspiração e belas palavras para dar forma àquele fogo e mostrá-lo ao mundo? Se Amor, usando um modo novo e insólito de acender o fogo, me lançou para o alto, até um lugar inacessível para mim, por que não pode, violando as regras habituais do jogo, fazer com que a caneta encontre em mim as palavras para reproduzir, da maneira mais semelhante à verdade, minha pena de amor? Por sua vez, se Amor não pode contar com a minha natureza, poderia ao menos fazer um milagre, daqueles que muitas vezes vencem qualquer limite preestabelecido. Não sei dizer com clareza como aconteceu; mas posso demonstrar que sinto impressas em meu coração palavras novas.

Na época, eu também me considerava uma mulher abjeta e vil. Temia, como já disse, que fosse justamente minha natureza feminina o que me impedia de aproximar ao máximo a caneta da pena que eu queria exprimir. Será mesmo necessário um milagre — eu me perguntava — para que uma mulher com coisas a contar dissolva as margens entre as quais parece estar fechada por natureza e se mostre para o mundo com a sua escrita?

Depois o tempo passou, outras leituras sobrevieram e ficou claro para mim que Gaspara Stampa operava de maneira totalmente nova: não se limitava a usar um grande lugar-comum da cultura poética masculina — a árdua redução, à medida da caneta, da desmedida pena de amor —, mas enxertava-lhe algo a mais, totalmente imprevisto: o corpo feminino que busca impavidamente, de dentro da "língua mortal", de dentro do próprio "véu humano", um vestido de palavras costurado com uma pena e uma caneta próprias. Visto que, entre a pena e a caneta, tanto no masculino quanto no feminino, segue existindo uma espécie de descompasso congênito, eis que Stampa me dizia que a caneta feminina, justamente por não ter sido prevista dentro da língua escrita da tradição masculina, devia — há cinco séculos tanto quanto hoje — fazer um esforço enorme e muito corajoso para violar "o jogo habitual" e dotar-se de "inspiração e estilo".

Àquela altura — creio que por volta dos vinte anos — estava impresso em minha mente, com clareza, um tipo de círculo vicioso: se eu queria ter a impressão de escrever bem, devia escrever como um homem, mantendo-me firmemente dentro da tradição masculina; mas, sendo mulher, eu só podia escrever como mulher se violasse o que estava procurando diligentemente aprender da tradição masculina.

Desde então, escrevi muitíssimo, décadas a fio, fechada dentro daquele círculo. Eu partia de algo que me parecia urgente, absolutamente meu, e seguia em frente por dias, semanas, às vezes meses. Embora os efeitos do impacto inicial fossem se esgotando, eu resistia, a escrita continuava a avançar, cada linha feita e refeita. Contudo, nesse meio-tempo, a bússola que havia me indicado a direção perdia a agulha, era como se eu me delongasse em cada palavra porque não sabia para onde ir. Direi algo que vai parecer contraditório: quando eu terminava uma história, ficava contente, tinha a impressão de que era uma obra-prima; no entanto, a sensação era a de que não havia sido eu a escrevê-la — quer dizer, não aquela eu superanimada, pronta a tudo, que havia ouvido o chamado da escrita e que, durante todo o processo de redação, me parecera se encolher atrás das palavras —, mas uma outra eu, bem disciplinada, que encontrara caminhos convenientes só para no fim poder dizer: aí está, vejam que belas frases escrevi, que belas imagens, a história chegou ao fim, me elogiem.

Foi a partir dali que comecei a pensar explicitamente que eu tinha duas escritas: uma delas se manifestara desde os tempos da escola e sempre me garantira os elogios dos professores: muito bem, você vai ser escritora; a outra surgia de surpresa e depois se eclipsava, deixando-me insatisfeita. Com o passar dos anos, essa insatisfação tomou rumos diferentes, mas, em substância, resiste até hoje.

Sinto-me oprimida, desconfortável, na escrita bem calibrada, tranquila e aquiescente que me fez pensar que eu sabia escrever. Para me ater à imagem do arcabuz que Gaspara Stampa utiliza, modernizando a velha flecha do Cupido, com aquela escrita eu faço centelhas, queimo a pólvora. No entanto, depois percebo que meus projéteis não chegam longe. Então procuro outra escrita, impetuosa, mas não tem jeito, ela raramente dispara. Aparece, sei lá, nas primeiras linhas, mas não consigo retê-la, ela desaparece. Ou irrompe depois de páginas e mais páginas e avança insolente, sem se cansar, sem se deter, sem dar atenção sequer à pontuação, valendo-se apenas do próprio ímpeto. Depois, de repente, me abandona. Durante boa parte da minha vida, escrevi páginas lentas com a única esperança de que fossem preliminares, de que logo chegaria o momento daquele impulso irrefreável, quando o eu que escreve a partir do seu fragmento de cérebro, com um movimento repentino, se apodera de todos os eus possíveis, de toda a cabeça, do corpo inteiro, e potencializado dessa maneira começa a correr recolhendo para a sua rede o mundo que lhe serve. São belos momentos. Algo pede para se tornar manifesto, dizia Svevo, para ser captado pela mão que escreve. Algo em mim, mulher abjeta e vil, dizia Gaspara Stampa, quer sair do jogo habitual e encontrar inspiração e estilo. Contudo, na minha experiência, esse algo evita facilmente a captura e se perde. Claro, podemos reevocá-lo, podemos até encapsulá-lo numa frase bonita, mas o instante em que o objeto apareceu e o instante seguinte, em que você se põe a escrever, devem encontrar uma coordenação mágica que desencadeará a alegria da escrita ou teremos de nos conformar com embromar por meio das palavras, esperando uma nova e fulgurante ocasião que nos encontre mais preparadas, menos avoadas. Uma coisa é programar uma narrativa e executá-la com dignidade, outra coisa é aquela escrita totalmente aleatória, tão mutável quanto o mundo que tenta ordenar. Essa escrita ora irrompe, ora desaparece, ora parece vir de uma só pessoa, ora é uma multidão, ora é pequena, sussurrada, ora se agiganta e grita. Enfim, vigia, duvida, rola, brilha, medita, como o proverbial lance de dados de Mallarmé.

Muitas vezes, usei as anotações de Virginia Woolf (*Os diários de Virginia Woolf*) com a finalidade de encontrar uma solução para essa escrita que me era fugidia. Proponho, aqui, já que o tempo urge, só dois trechos brevíssimos, mas, para mim, importantes. O primeiro é um fragmento de uma conversa, aparentemente frívola, com Lytton Strachey, que pergunta:

"E o seu romance?"
"Ah, enfio a mão dentro do pote e tiro na sorte o que vem."
"É isso que é tão maravilhoso. E é tudo diferente."
"Sim, sou vinte pessoas."

Está tudo aí: a mão, o pote, vinte pessoas. Contudo, vejam, com poucas frases autoirônicas, há duas indicações: primeira, o ato de escrever é um puro tentar a sorte; segunda, o que a escrita captura não passa pelo crivo de um eu singular, aterrado na vida cotidiana, mas sim de vinte pessoas, ou seja, um número ao acaso para dizer: quando escrevo, nem eu mesma sei quem sou. Certamente — afirma Woolf, e aqui passamos à leitura do outro trecho — não sou Virginia:

> É um erro pensar que é possível produzir literatura a partir de matéria bruta. Precisamos sair da vida — sim, é por isso que a irrupção de Sidney me desagradou tanto —, precisamos nos tornar estranhos a tudo: concentradíssimos, em um único ponto; sem ter de recorrer às partes dispersas da nossa personalidade, construir moradia estável no cérebro. Sidney chega e eu sou Virginia; quando escrevo, sou apenas uma sensibilidade. Às vezes, gosto de ser Virginia, mas só quando sou dispersa e variada e gregária. Agora [...] eu quero ser apenas uma sensibilidade.

A ideia de Woolf me parece clara: escrever é acampar dentro do próprio cérebro, sem mais se dispersar nas tão numerosas, variadas, subalternas modalidades com as quais, como Virginia, se vive uma vida bruta. Quando garota, achava que ela estava dizendo: Ah, sim, gosto de ser Virginia, mas o eu que escreve a sério não é Virginia; o eu que escreve a sério são vinte pessoas, uma pluralidade hipersensível toda concentrada na mão equipada de caneta. A tarefa daquela mão é se enfiar no pote e sacar letras, palavras, frases. A verdadeira escrita é aquele gesto que remexe dentro do depósito da literatura em busca das palavras necessárias. Nada de Virginia, portanto, que é o nome da vida bruta e da escrita aquiescente. Quem escreve não tem nome. É pura sensibilidade que se nutre de alfabeto e produz alfabeto em um fluxo irrefreável.

Afeiçoei-me a esta representação: uma entidade, totalmente autônoma em relação à pessoa definida por seu registro civil (Virginia), que produz palavras escritas em um alheamento de extrema concentração. Só que ficou cada vez mais difícil, para mim, dotá-la de substância. A impressão é que, com demasiada frequência, escritoras e escritores falam a respeito de maneira insatisfatória. Basta pensar em quando dizemos:

a história se conta sozinha, o personagem se autoconstrói, a língua nos fala, como se não fôssemos nós que escrevemos, mas outra pessoa que nos habita, segundo uma linha que começa no mundo antigo e chega até hoje: o deus que dita; a descida do Espírito Santo; o êxtase; a palavra codificada do inconsciente; a rede intersubjetiva que nos captura e a cada vez nos delineia etc. Tentei algumas vezes esclarecer essas ideias, mas não consegui e voltei a atenção para mim, para minhas duas escritas. Não estão separadas. A primeira, aquela habitual, contém em si a segunda. Se eu me privasse dela, não escreveria em absoluto. É uma escrita que me mantém diligentemente dentro das margens, a partir daquelas vermelhas dos cadernos da escola primária. Graças a ela, sou uma produtora prudente, talvez medrosa — nunca tive muita coragem, é o meu tormento —, de páginas que me mantêm dentro das regras que aprendi. É um exercício permanente do qual posso me privar sem muito aborrecimento se consumida pela vida cotidiana. Às vezes, digo a mim mesma que, se Virginia Woolf escrevesse, escreveria com essa mesma aquiescência.

O problema é a outra escrita, que Woolf impõe a si mesma, definindo-a como um concentrado de sensibilidades. Tal qual a primeira, sua sede está ali, no cérebro, nada mais do que neurônios. Quando escrevo, eu a sinto, mas não sei comandá-la. A cabeça não sabe, talvez não queira, liberá-la em definitivo ou ao menos governar suas aparições. Assim, minha veia escrevinhadora (há tempos, também peguei essa expressão de Woolf: *scribbling*) se atém prevalentemente ao jogo habitual, esperando o momento da verdadeira escrita.

De fato, meu trabalho se funda na paciência. Narro à espera de que, de uma escrita bem plantada na tradição, surja algo que embaralhe as cartas para que a mulher abjeta e vil que sou encontre um modo de se fazer ouvir. Adoto com prazer técnicas de longa data, passei a vida aprendendo como e quando usá-las. Desde garota, adoro escrever romances de amor e traições, investigações perigosas, descobertas horrendas, adolescências transviadas, vidas desventuradas que depois encontram a sorte. É a minha adolescência de leitora que se transformou, continuamente, no longo e infeliz aprendizado de autora. Os gêneros literários são áreas seguras, plataformas sólidas. Coloco ali um tênue indício de história e me exercito com prazer tranquilo, prudente. Enquanto isso, só espero que meu cérebro se distraia, se desgarre, e que as outras eus fora das margens — são muitas — se compactem, segurem minha mão, comecem a me puxar com a escrita para onde tenho medo de ir, para onde me dói ir, um lugar do qual não tenho certeza de saber voltar caso me aventure longe demais. É o momento em que as regras — aprendidas, aplicadas — cedem e a mão tira do pote não aquilo que serve, mas, justamente, o que vem, cada vez mais depressa, desequilibrando.

Isso com certeza produz bons livros? Não, acho que não. No que me diz respeito, também essa escrita, no fim das contas, apesar da sensação de frenética potência que comunica, não preenche a lacuna entre pena e caneta, deixa na página menos do que, em um primeiro momento, parece ter capturado. Talvez, como todas as coisas, seja necessário saber obtê-la, retê-la, contê-la, ou seja, conhecer suas qualidades e seus defeitos, aprender a usá-la. Eu não consegui e acho que não conseguirei. Por muito tempo, senti-a apenas como um instrumento de destruição, um martelo que podia abater o cercado dentro do qual eu me sentia fechada. Contudo, hoje, destruir me parece um propósito vanguardista bastante ingênuo. Como todas as pessoas tímidas e fiéis, eu tinha a ambição inconfessa e inconfessável de sair das formas dadas e deixar a escrita extravasar qualquer forma. Depois, pouco a pouco, aquela fase passou: até Samuel Beckett, o extraordinário Samuel Beckett, dizia que a única coisa da qual não podemos prescindir, na literatura e em qualquer outro âmbito, é a forma. Então me alinhei à tendência de usar estruturas tradicionalmente robustas, trabalhando-as com cuidado, enquanto esperava, paciente, começar a escrever com a verdade de que sou capaz, desequilibrando e deformando, abrindo espaço para mim mesma com todo o corpo. Para mim, a escrita verdadeira é isto: não um gesto elegante, estudado, mas um ato convulso.

Citei Beckett de propósito. Raramente quem dedica a própria existência à escrita não deixou ao menos algumas linhas sobre o eu enfiado à força em um cantinho do cérebro criando palavras escritas. E não tenho dúvida de que aquelas linhas contenham não apenas uma espécie de homenagem à paixão pela escrita, mas também uma porta — ou portinha — aberta para o sentido da própria obra, seus defeitos e méritos. Pois bem, no que me diz respeito, Beckett, em O *inominável*, foi quem melhor fez isso. O trecho que proponho é longo, peço perdão, mas poderia ser ainda mais extenso, talvez o volume inteiro. Leremos a tradução de Waltensir Dutra:

> eu sou em palavras, palavras dos outros, que outros, o lugar também, o ar também, as paredes, o solo, o teto, as palavras, todo o universo está aqui, comigo, eu sou o ar, as paredes, o emparedado, tudo cede, se abre, deriva, reflui, flocos, sou todos esses flocos, cruzando-se, unindo-se, separando-se, aonde quer que eu vá me reencontro, me abandono, vou em minha própria direção, venho de mim, nunca mais do que eu, que uma parcela de mim, retomada, perdida, falhada, palavras, eu sou todas essas palavras, todos esses estranhos, essa poeira de verbo, sem chão onde pousar, sem céu onde se dissipar, reencontrando-se para dizer, fugindo-

-se para dizer, que eu as sou todas, as que se unem, as que se separam, as que se ignoram, e não outra coisa, sim, qualquer outra coisa, que sou qualquer outra coisa, uma coisa muda, num lugar duro, vazio, fechado, seco, limpo, negro, onde nada se move, nada fala, e que eu escute, e que eu ouça, e que eu busque, como uma fera nascida na jaula feras nascidas na jaula feras nascidas na jaula feras nascidas na jaula feras nascidas na jaula feras nascidas na jaula feras nascidas e mortas na jaula nascidas e mortas na jaula feras nascidas na jaula e mortas na jaula nascidas e mortas nascidas e mortas na jaula na jaula nascidas e depois mortas nascidas e depois mortas, como uma fera digo eu, dizem eles, uma fera assim, que busco, como uma fera assim com meus pobres meios, uma fera assim, não tendo de sua espécie mais do que o medo, a raiva, não, a raiva acabou, apenas o medo...

Nesse estrondo ordenado-desordenado causado por um eu feito exclusivamente de palavras — nesse estrondo que, passo a passo, é reconduzido à imagem de uma longa cadeia de feras na jaula, motivadas apenas pelo medo —, eu me reconheci um pouco. Antes de topar com isso, tinha em mente outra imagem, proveniente de minha mãe: um redemoinho de fragmentos-palavras que me causavam mal-estar, que me aterrorizavam e que, nas minhas fantasias, eram os destroços de um território submerso pela fúria das águas. Uma *frantumaglia*, dizia minha mãe, assustando-se, quando me falava da sua cabeça, e assustando-me a ponto de eu ter preferido por muito tempo a imagem da jaula. Pelo menos seus limites eram seguros, sentir que estava dentro de um perímetro me tranquilizava. Minha tendência é sempre fechar a porta atrás de mim, e, por muito tempo, preferi ser parecida com alguém do que me sentir sem traços. Dentro de uma jaula, o redemoinho de *frantumaglie* — que nos últimos anos voltou a se impor — me parecia mais controlável.

Os cadernos da escola primária, com suas linhas horizontais pretas e as verticais vermelhas, sem dúvida foram uma jaula. Ali, comecei a escrever minhas historinhas e, desde então, tendo a transformar qualquer coisa em uma narrativa limpa, ordenada, harmônica, bem-sucedida. Entretanto, o clamor desarmônico da cabeça permanece, sei que as páginas que por fim me convencem a publicar livros vêm dali. Talvez o que me salve — mas a salvação não demora muito a se revelar perdição — seja que, sob a necessidade de ordem, perdurou uma energia que quer atrapalhar, desordenar, desiludir, errar, falir, sujar. Essa energia me puxa ora para um lado, ora para outro. Com o passar do tempo, escrever de fato se tornou, para mim, dar forma a um equilibrar-me/desequilibrar-me permanente, dispor fragmentos em um molde e esperar para desenformá-lo. Assim, o romance de amor começa a me satisfazer quando se transforma em romance de desamor. O romance policial começa a me prender quando sei que ninguém descobrirá quem é o assassino. O romance de formação me parece estar no caminho certo quando fica claro que ninguém vai se formar. A bela escrita se torna bela quando perde harmonia e tem a força desesperada do fcio. E os personagens? Sinto-os falsos quando têm uma coerência límpida e me apaixono por eles quando dizem uma coisa e fazem o contrário. "O belo é feio e o feio é belo", dizem aquelas extraordinárias narradoras que são as bruxas de *Macbeth* enquanto se preparam para pairar através da neblina e do ar imundo. Falaremos disso e de muito mais da próxima vez.

ÁGUA-MARINHA

Senhoras e senhores,
hoje começo com uma regra que me impus entre os dezesseis e os dezessete anos. Quem escreve — anotei em um caderno que ainda guardo — tem o dever de colocar em palavras os empurrões que dá e que recebe dos outros. Reforcei tal formulação com uma citação: "diga a coisa como

ela é", proveniente de *Jacques, o fatalista, e seu amo*, de Denis Diderot. Na época, eu nada sabia do livro de Diderot, a frase havia sido citada para mim, na forma de um conselho, por uma professora por quem eu nutria afeto.

Quando garota, eu sentia paixão pelas coisas reais, e as queria circunscrever, descrever, prescrever, até proscrever, se necessário. Não me continha, planejava lançar-me sobre o mundo, para dentro do outro, dos outros, e escrever a respeito. Eu pensava: tudo o que estimula casualmente o nascimento de uma narrativa está lá fora, esbarra em nós e vice-versa, nos confunde, se confunde. Dentro — dentro de nós — só existem os mecanismos frágeis do nosso organismo. O que chamamos de "vida interior" é um lampejar permanente do cérebro que quer se materializar sob a forma de voz, de escrita. Por isso, eu olhava à minha volta, esperando; para mim, então, a escrita tinha, essencialmente, olhos: o tremor da folha amarela, as partes reluzentes da cafeteira, o anular da minha mãe com a água-marinha que emanava uma luz celeste, minhas irmãs que brigavam no pátio, as orelhas enormes do homem calvo com o avental azul. Eu queria ser um espelho. Associava fragmentos de acordo com um antes e um depois, encaixava-os uns nos outros, surgia uma história. Era algo que acontecia com naturalidade, que eu vivia fazendo.

Depois o tempo passou e tudo se complicou. Comecei a guerrear comigo mesma: por que isso, por que não aquilo, está bom assim, não está. Em poucos anos, passei a ter a impressão de não saber mais escrever. Nenhuma página estava à altura dos livros que me agradavam, talvez porque eu fosse ignorante, talvez porque fosse inexperiente, talvez porque fosse mulher e, portanto, melosa, talvez porque eu fosse burra, talvez porque não tivesse talento. Tudo me parecia bloqueado: o quarto, a janela, a sociedade, os mocinhos, os vilões, suas roupas, suas expressões, os pensamentos, os objetos que permaneciam impassíveis mesmo quando eram manipulados. E havia também as vozes, o dialeto da minha cidade que, na escrita, me incomodava. Assim que eu o transcrevia, soava distante do dialeto verdadeiro, estridente dentro da bela escrita que eu tentava ser capaz de criar.

Quero dar um pequeno exemplo, que retirei das minhas anotações de muito tempo atrás: a água-marinha no dedo de minha mãe. Era um objeto verdadeiro, e muito, e, no entanto, não havia nada mais flutuante dentro da minha cabeça. Deslocava-se, entre dialeto e língua, no espaço e no tempo, junto da figura dela, ora nítida, ora confusa, sempre na companhia dos meus sentimentos afetuosos ou hostis. A água-marinha era furta-cor, parte de uma realidade furta-cor, de uma eu furta-cor. Se eu conseguia isolá-la em uma descrição — quanto me exercitei nas descrições — e atribuir-lhe uma luz celeste, já naquela fórmula a pedra perdia sua substância, tornava-se uma emoção minha, um pensamento, um sentimento ora de prazer, ora de mal-estar, e ficava opaca como se tivesse caído na água ou como se eu mesma tivesse bafejado em sua superfície. Aquela opacidade tinha consequências: tendia a me fazer, quase inadvertidamente, subir o tom, como se assim eu pudesse devolver o brilho à pedra. É melhor — eu dizia a mim mesma — escrever "luz azul-pálida". Ou nada de luz, bastava a cor, uma água-marinha azul-pálida. Mas ficava insatisfeita com a duplicidade das palavras compostas, pesquisava no dicionário e escrevia ciano, cor ciano, depois, por que não, cianótica. Mas a luz da água-marinha cianótica — ou a luz cianótica da água-marinha — já se expandia, com as imagens que evocava, para a história de minha mãe, para o protótipo de mãe napolitana que eu vinha construindo, em um atrito violentíssimo com a sua voz dialetal. Isso era bom, era ruim? Eu não sabia. Só sabia que aquele pequeno adjetivo agora queria me fazer sair da história cinza de uma família real e entrar em uma história negra, quase gótica. Então eu recuava depressa, mas de má vontade. Nada de "cianótica". Contudo, já havia perdido confiança: agora, o anel verdadeiro — que, por ser um objeto verdadeiro de uma experiência minha verdadeira, deveria imprimir verdade à escrita — parecia inevitavelmente falso.

Delonguei-me um pouco com a água-marinha para destacar que a minha vocação realista, perseguida com obstinação desde a adolescência, a certa altura se transformou em uma constatação de incapacidade. Eu não sabia obter uma reprodução exata da realidade, não era capaz de dizer como era uma coisa. Tentei as histórias fantásticas achando que seria mais fácil, desisti, experimentei dar guinadas neovanguardistas. No entanto, a necessidade de me ancorar em histórias que de fato haviam acontecido comigo ou com outras pessoas era indiscutivelmente forte. Eu construía personagens modelando-os a partir de pessoas que conhecia ou havia conhecido. Anotava gestos, modos de falar, como eu os via e ouvia. Descrevia paisagens, o transcorrer da luz. Reproduzia dinâmicas sociais, ambientes distantes econômica e culturalmente. Apesar do incômodo, deixava que o dialeto tivesse seu espaço. Enfim, acumulava páginas e páginas de anotações extraídas da minha experiência direta. No entanto, só colecionava frustrações.

Àquela altura, de forma ocasional, como acontece quase sempre com tudo e, portanto, também com os livros que realmente nos ajudam, li por acaso, de cabo a rabo, *Jacques, o fatalista, e seu amo*. De *Jacques*, não direi nada de importante, pois deveria começar com *Tristram Shandy*, de Laurence Sterne, que o precede e influencia, e não pararia mais; mas, se vocês não os leram, podem acreditar, são dois livros que mostram como é difícil narrar e, ao mesmo tempo, multiplicam sua vontade de fazê-lo. Vou me limitar aqui a destacar que aquela leitura me permitiu, depois de muitos anos, devolver ao seu contexto a frase citada pela minha professora.

"Diga a coisa como ela é", ordenava o amo de Jacques, o fatalista. E ele respondia: "Não é fácil. Não tem cada um seu caráter, seu interesse, seu gosto, suas paixões, segundo os quais se exagera ou se atenua? Diga a coisa como ela é!... Isto talvez não aconteça duas vezes num dia em toda uma grande cidade. E aquele que vos ouve estará mais bem disposto do que aquele que fala? Não. Daí se conclui que apenas duas vezes num dia em toda grande cidade uma pessoa é ouvida como fala." O amo então replicava: "Que diabo, Jacques, aí estão máximas para proscrever o uso da língua e dos ouvidos, para nada dizer, para nada escutar e nada crer! Entretanto, fala ao teu modo e eu te escutarei ao meu. E acreditarei em ti como puder."

Eu tinha lido um monte de livros sobre aqueles temas, páginas às vezes inutilmente difíceis, e ali, dito com simplicidade, encontrei um pouco de consolo. Se cada volumoso ou mirrado romance que eu escrevia se revelava no final muito distante das minhas aspirações — eu tinha ambições desmedidas —, talvez o motivo não fosse somente a minha incapacidade. Narrar o real — enfatizava Jacques — é intrinsecamente difícil, é necessário levar em conta que o narrador é sempre um espelho deformador. Mas e então? É melhor desistir? Não, respondia o amo, não devemos desanimar: é árduo narrar com verdade, mas faça o possível.

Começou um longo período em que tentei fazer o possível. Obriguei-me a ser menos exigente do que de costume, e por isso, a certa altura, um livro que eu havia escrito e não me parecera muito ruim me suscitou o desejo — isso nunca tinha acontecido antes — de mandá-lo para um editor. Pensei em mandar junto uma carta detalhadíssima na qual eu explicaria de onde aquela história havia saído, de quais pessoas e fatos reais se nutria. Tentei realmente escrever essa carta, prossegui por várias páginas. No início, parecia tudo claro. Eu evocava as circunstâncias nas quais, conectando fatos reais, a história foi se articulando. Depois, descrevia as pessoas reais, os lugares reais que, aos poucos, por exclusões e acréscimos, tornaram-se os personagens e os panos de fundo da história. Em seguida, passava para a tradição da qual eu fazia parte, os romances que me inspiraram ora pela construção dos personagens, ora pela orquestração de cenas específicas, às vezes até mesmo pelo desenho de um gesto. Por fim, refletia sobre como tudo havia se distorcido, mas defendendo as distorções como algo inevitável, ponderando a respeito, apresentando-as como uma mediação necessária.

Contudo, quanto mais eu mergulhava na matéria, mais a verdade da carta de acompanhamento se complicava. Ali estava eu, eu, eu. Ali estava meu afã de exagerar defeitos, atenuar méritos e vice-versa. Acredito ter sido a primeira vez que divisei a área nebulosa do que eu poderia ter escrito naquele livro, mas que me doía escrever e, por isso, não o fiz. Pouco a pouco, enrolei-me nesse emaranhado e parei.

Não quero dizer que foi àquela altura que a minha veia escrevinhadora encontrou uma vazão. Desde então, passaram-se anos, fiz outras leituras importantes, escrevi muitas outras coisas insatisfatórias. Gostaria, entretanto, de me arriscar a dizer aqui que, se fiz um certo número de pequenas descobertas — talvez um pouco ingênuas, mas, para mim, fundamentais —, foi graças a um imperativo estético menos severo (diga a coisa nos limites do possível) e àquele rascunho de carta autorreflexiva.

Vou elencar algumas.

Primeira pequena descoberta. Até aquele momento, eu sempre havia escrito em terceira pessoa.

A primeira pessoa daquela carta, justamente porque quanto mais avançava, mais se emaranhava, e quanto mais se emaranhava, mais me envolvia, pareceu-me uma novidade promissora.

Segunda pequena descoberta. Percebi que a realidade, no fazer literário, tendia inevitavelmente a se reduzir a um rico repertório de truques que, se usados com habilidade, davam a impressão de que os fatos surgiam na página exatamente como haviam acontecido, com suas conotações sociológicas, políticas, psicológicas, éticas etc. Em suma, bem diferente da coisa como ela é. Tratava-se de um jogo de ilusão que, para ser bem-sucedido, devia fingir que ninguém havia narrado, ninguém havia escrito, e que o real estava ali, tão bem reproduzido a ponto de fazer esquecer até os sinais do alfabeto.

Terceira pequena descoberta. Cada narração era sempre, inevitavelmente, obra de um narrador ou de uma narradora que, devido à sua natureza, devido à sua conformação, só podia ser um fragmento entre os fragmentos de realidade, ainda que se escondessem, que se apresentassem obliquamente, que fingissem ser o eu narrador, que aparecessem como autor ou autora de todo o mecanismo literário, com a sua assinatura na capa.

Quarta pequena descoberta. Quase sem me dar conta, de aspirante a um realismo absoluto, eu me tornara uma realista desanimada que dizia a si mesma: só posso narrar o "lá fora" se também narrar a mim, que estou "lá fora" junto a todo o resto.

Quinta pequena descoberta. O fazer literário nunca conseguiria conter de fato o redemoinho de detritos que constituía o real dentro de uma ordem gramatical e sintática qualquer.

Foram essas anotações que me impeliram na direção dos livros que escrevi a partir da segunda metade dos anos 1980 e que, posteriormente, publiquei. Há mais de trinta anos, falei para mim mesma: tentar dizer a coisa como ela é pode se tornar paralisante, visto que a soma dos inúmeros fracassos e a casualidade dos raríssimos sucessos podem me deixar surda, muda, niilista; tentarei, portanto, dizê-la como posso e, quem sabe, talvez eu tenha sorte e consiga dizê-la como é. E segui em frente com tentativas e erros. No início, fiz isso sobretudo para salvar do vazio a mão que, com diligência maníaca, insistia em querer escrever. Depois, porém, fui me tornando cada vez mais concentrada. Desenvolvi uma narradora em primeira pessoa que, superanimada pelos empurrões casuais entre ela e o mundo, deformava a forma que havia trabalhosamente atribuído a si mesma e, a partir daquelas marcas e distorções e lesões, extraía outras possibilidades inesperadas; tudo isso enquanto avançava ao longo da linha de uma história cada vez menos controlada, talvez nem sequer uma história, talvez um emaranhado dentro do qual não apenas o eu narrador, mas a própria autora, uma pura fabricação de escrita, estavam enredados.

Um amor incômodo é isto: Delia, delimitada pelos traços de uma mulher culta, dura, autônoma, se move com determinação gélida dentro das regras fixas de uma pequena história "policial", até que tudo — o próprio gênero "policial" — começa a se desagregar. *Dias de abandono* é isto: Olga, delimitada pelos traços de uma mulher culta, esposa e mãe, se move com sofrida destreza dentro das regras fixas de uma pequena história de crise conjugal, até que tudo — o próprio gênero "cenas de um casamento" — começa a se desagregar. E, sobretudo, *A filha perdida* é isto: Leda, delimitada pelos traços de uma mulher culta, divorciada com filhas já grandes, se move à vontade dentro das regras fixas de uma pequena história de terror, até que tudo — o próprio gênero "terror" — começa a se desagregar. Nesses livros, atenuei a ideia de dever narrar um "lá fora" disposto em uma ordem narrativa própria, que eu, sem jamais deixar transparecer, tinha a tarefa de transcrever no grande pergaminho da literatura realista. Em vez disso, recorri ao armazém da expressão literária, retirando o que me servia — gêneros diferentes, técnicas diferentes, efeitos e, por que não, gambiarras — sem estabelecer uma fronteira entre alto e baixo. Não passei para uma voz narradora — nada de voz, nada de mimese de vozes —, mas para uma primeira pessoa feminina que é pura escrita, que escrevendo conta como, em certas circunstâncias, foram percebidos desvios, abalos imprevistos, saltos irregulares capazes de pôr em crise a solidez do tabuleiro de xadrez no qual se refugiara.

Quero insistir um pouco nesse último ponto. O fato de eu me imaginar como Delia, Olga, Leda, como primeiras pessoas que narram por escrito — o que está sob os olhos do leitor é a escrita *delas* —, foi importante para mim. Permitiu-me também imaginar — insisto de propósito nesse verbo — a eu que escreve não como uma mulher que, entre suas muitas outras atividades, faz literatura, mas como exclusivo fazer literário, uma autora que, gerando a escrita de Delia, Olga, Leda, gera a si mesma. Tive a sensação de, assim, ter traçado um perímetro de liberdade, dentro do qual eu podia exibir, sem autocensuras, capacidades e incapacidades, méritos e defeitos, dilacerações incuráveis e suturas, sentimentos e emoções obscuras. Não só isso: pareceu-me poder desfrutar aquela escrita dupla que já mencionei, ou seja, tentei calibrar ambas as escritas, usando a mais aquiescente para um lento andamento pseudorrealista e a mais rebelde para fazer ruir, com a sua ficção, a ficção da primeira.

Naqueles três livros, sempre começo com uma escrita agregadora, alimentada por coerências, que constrói um mundo com todos os seus andaimes no lugar certo. É uma jaula sólida, e a construo com os efeitos de realidade necessários, com citações cifradas de mitografias antigas e modernas, com a minha bagagem de leituras. Depois chega — ou pelo menos acredito, espero que chegue — a escrita convulsa, desagregadora, geradora de oximoros, feia-bonita, bonita-feia, que espalha incoerências e contradições. Ela leva o passado para o presente e o presente para o passado, confunde os corpos de mãe e filha, subverte os papéis preestabelecidos, transforma o veneno da dor feminina em um veneno verdadeiro que envolve os animais, confunde-os com os humanos e os mata, transforma uma porta que funciona normalmente em uma que não se abre mais e depois se abre, torna ameaçadores ou sofredores ou letais ou salvíficos as árvores, as cigarras, o mar agitado, os alfinetes de chapéu, as bonecas, os vermes da areia.

Ambas as escritas são minhas e, ao mesmo tempo, de Delia, de Olga, de Leda. Escrevo pessoas, espaços, tempos, mas com palavras que me são induzidas por pessoas, espaços, tempos, em uma vertiginosa mistura de criadores e criaturas, de formas e formas. Enfim, essa escrita é o resultado sempre aleatório da maneira como Delia, Olga, Leda estão inscritas no registro das ficções e de como eu, autora — uma ficção sempre incompleta, moldada por anos e anos de leituras e gana de escrever e casualidade —, invento e desordeno a escrita que as registrou. Eu diria que sou a autobiografia delas assim como elas são a minha.

Aqui, para encerrar provisoriamente o discurso sobre o pouco que acredito saber a respeito daqueles três primeiros livros, devo acrescentar que Delia, Olga e Leda foram imaginadas como mulheres que, devido às vicissitudes das respectivas vidas, tornaram-se corpos rigorosamente lacrados. No passado, lançaram pontes na direção do outro, mas não tiveram sucesso e ficaram sozinhas. Não têm relações com parentes, não têm amigas, não confiam e não se entregam a maridos, amantes, nem mesmo a filhos. Não sabemos como são fisicamente, pois ninguém as descreve. Sobretudo, elas são a única fonte da narrativa. Não há como comparar a versão dos fatos delas com a versão de outras pessoas. Além disso, parece que se aproximaram tanto dos fatos da história delas próprias que não conseguiram ter uma visão de conjunto, não conheceram o real sentido do próprio discurso. Eu as quis assim. Escrevi rejeitando o distanciamento convencional. Se elas eliminavam a distância de suas feridas, eu eliminava a distância de sua dor. E confundia a mim mesma, autora, com a versão que davam da história, com a condição delas de isoladas, evitando — até eu mesma, que estava escrevendo — o papel da outra, da pessoa externa, daquela que testemunha como as coisas de fato aconteceram.

Em *Um amor incômodo* e *Dias de abandono*, essa autorreclusão foi uma escolha estética consciente. Por exemplo, nem eu nem Delia sabemos o que aconteceu com a mãe de Delia na praia; por exemplo, nem eu nem Olga sabemos por que a porta do apartamento de repente não funciona mais e então se abre. Posso, como Delia e Olga, tecer hipóteses e, como elas, tenho de me dar por satisfeita, não temos como verificá-las.

A filha perdida, por sua vez, é mais radical, de uma maneira planejada. Leda executa uma ação — roubar a boneca — à qual nunca é capaz de dar sentido, nem no início da sua história nem no fim. E eu mesma, Elena Ferrante, concebi a minha escrita e a dela de forma que a condição de isolamento absoluto, concentrado, do discurso narrativo de ambas chegasse a um ponto sem volta. Nós duas somos simplesmente empurradas em direção a uma espécie de esgotamento, resumido na última fala de Leda, dirigida às filhas: "Estou morta, mas bem."

* * *

Por alguns anos, considerei *A filha perdida* um livro conclusivo, ou, de qualquer maneira, o último que eu publicaria. A minha ânsia adolescente de realismo absoluto havia se consumido. Passo a passo, só ficou em pé um desejo de verdade que me fazia refutar o naturalismo linear com os seus borrifos de dialeto, a bela escrita que doura a pílula, as personagens femininas sempre prontas a erguer a cabeça e vencer. As minhas mulheres, por causa do único modo verdadeiro com o qual me parecia adequado narrar a elas e a mim mesma, haviam acabado, sem que eu quisesse — insisto: não se narra sem os empurrões dos outros; esse velho princípio permaneceu bem sólido —, em uma espécie de solipsismo sem o qual, porém, eu via, para mim enquanto autora, somente uma regressão na direção de histórias inautênticas.

Depois, de forma absolutamente ocasional, voltei a um livro que havia lido quando a Feltrinelli o publicou, em 1997 ou 1998: *Tu che mi guardi, tu che mi racconti*, de Adriana Cavarero. Aquela primeira leitura não me fizera bem, ou melhor, enfraquecera minha confiança no caminho que eu começara a seguir com Um amor incômodo, embora eu tenha achado muito envolvente a análise sobre o impulso das mulheres para se narrarem e sobre o desejo delas de serem narradas. Pelo menos é disso que me lembro. De qualquer maneira, agora não é daquela primeira leitura que quero falar, mas da segunda.

Eu estava, portanto, tentando escapar do beco sem saída de A *filha perdida*, esboçando uma nova história de mães e filhas, uma história transbordante que, nas minhas intenções, deveria se estender por umas sete décadas, quando peguei outra vez o livro da Cavarero. Pareceu-me um livro novo, que eu nunca tinha lido, a começar pelo uso que ela faz de Karen Blixen e da fábula da cegonha, narrada em A *fazenda africana*. O que despertou minha fantasia, porém, foi uma expressão: *a outra necessária*. Trata-se do título de um capítulo, é preparada por um diálogo articulado com Hannah Arendt, aproxima-se do tema do narcisismo e, por fim, chega à seguinte conclusão:

O outro necessário [...] é uma finitude que permanece irremediavelmente um outro em toda a insubstituibilidade, frágil e não julgável, da sua existência.

Lembro que foi uma sacudida. Pareceu-me que *um outro* era aquilo de que eu precisava para sair dos três livros anteriores e, no entanto, permanecer dentro deles.

Quero, porém, prosseguir com ordem. Cavarero, dentre os vários livros de que se serviu para fazer avançar seu argumento, citava a certa altura *Non credere di avere dei diritti,* texto muito importante do feminismo italiano, redigido pela Libreria delle Donne di Milano. Dali, ela extrapolava uma pequena história de amizade. Tratava-se do encontro entre Emilia e Amalia com o pano de fundo dos anos 1970 e das escolas de 150 horas, uma conquista sindical que deu origem a cursos trienais, profissionais ou não, os quais podiam ser usufruídos por trabalhadoras e trabalhadores que haviam interrompido os estudos. Amalia era uma talentosa narradora natural e, no início, porque Emilia contava sempre as mesmas coisas, ela considerava-a chata. Depois, porém, conforme liam uma para a outra os exercícios feitos para o curso, a atenção de Amalia foi despertada, e ela se interessou pelos fragmentos de escrita de Emilia. E como Emilia apreciava o talento de Amalia a ponto de chorar, Amalia se sentiu impelida a escrever os fatos da vida da amiga e presenteá-la com o texto. Um presente que Emilia, muito comovida, sempre levaria na bolsa.

Eu já havia lido *Non credere di avere dei diritti* muitos anos atrás, mas não havia prestado atenção em Emilia e Amalia. Cavarero, por sua vez, extraía aquelas figuras pálidas de mulher das duas pequenas páginas que lhes diziam respeito e falava delas com grande sensibilidade e inteligência. Escrevia sobre "o caráter narrativo das amizades femininas". Escrevia — ouçam bem — sobre o "cruzamento de narrações autobiográficas que asseguram, ao mesmo tempo, o resultado de uma fruição biográfica recíproca". Escrevia: "Opera-se um mecanismo de reciprocidade segundo o qual o si narrável de cada uma passa à autonarração com a finalidade de que a outra conheça uma história que possa, por sua vez, narrar: contar a outros e outras, sim, mas sobretudo contá-la *de novo* à sua protagonista." Sintetizava: "Para simplificar: eu conto a você a minha história para que você a narre para mim." Entusiasmei-me. Era o que eu — de forma despretensiosa — estava tentando criar no meu esboço de romance interminável centrado em duas amigas que entrelaçavam, de maneira menos edificante que Emilia e Amalia, os relatos de suas vivências.

Retomei *Non credere di avere dei diritti*. As páginas em que apareciam Emilia e Amalia se tornaram importantes para a história que eu estava esboçando. Encontrei um trecho que Cavarero não havia citado diretamente, mas que desenfreou minha imaginação. Amalia, a narradora talentosa, a certa altura dizia de Emilia: "Aquela mulher entendia de verdade as coisas, escrevia muitas frases sem relação entre si, mas muito verdadeiras e profundas" (Rosenberg & Sellier, 1987). Gostei de cara daquele "de verdade". Gostei daquele "verdadeiras e profundas". Em Amalia, que gostava de escrever e se sentia talentosa, percebi uma admiração irrefreável pelas tentativas de escrita de Emilia. Pareceu-me até notar um sentimento semelhante à inveja diante de um resultado que, apesar do seu talento, Amalia sabia não ser capaz de obter.

Comecei a exagerar, como costuma acontecer comigo. Cavarero escrevia: "Não conhecemos as adoradas páginas que Emilia guardava em sua bolsa." No entanto, não lamentava nem pela perda do texto de Amalia nem pela perda dos fragmentos de Emilia, que definia como "tentativas autobiográficas desajeitadas". E com toda a razão: sua pesquisa tendia a destacar os efeitos positivos da amizade narrativa entre duas mulheres, não se ocupava das dinâmicas entre os textos. Eu, por minha vez, lamentei não ter aqueles textos, achava-os parecidos com os meus problemas como narradora, pois sabia muito bem o que é uma escrita diligente e o que é uma escrita desmarginada. E fantasiava, pensava que, se tivesse pelo menos o texto de Amalia, poderia identificar nele os arroubos das frases verdadeiras e profundas de Emilia. Tenho quase certeza, neste momento, de que saiu daquelas fantasias a dinâmica entre a escrita de Lena e a escrita de Lila. De fato, foi só ler as palavras admiradas de Amalia e logo — devo confessar — as "frases sem relação" da sua amiga se tornaram "escrita verdadeira", a escrita que chega em um ímpeto (Dante a definiria: *como se movida por si mesma*) e que, depois, vai acabar muito bem encerrada entre as linhas vermelhas de algum caderno. Enfim, imaginei que Amalia houvesse domesticado, com a sua capacidade de escrever bem, os fragmentos de Emilia e fora justo aquela domesticação que deixara Emilia feliz, a outra necessária.

A essa altura, devo dizer que Cavarero não usa tal fórmula para Emilia, mas para Alice B. Toklas, a pessoa cuja autobiografia — prestem atenção: autobiografia, e não biografia — foi escrita por Gertrude Stein. Muito bem: décadas antes, eu lera mal, muito mal, *A autobiografia de Alice B. Toklas*. Reli-a na fase em que estava escrevendo meu longo esboço, partindo das páginas que Adriana Cavarero lhe dedicou. E quero dizer que, quando jovem, eu não havia entendido nada, *A autobiografia de Alice B. Toklas* é um livro bonito, fundamental, por sua estrutura, por sua execução. Transcrevo algumas das frases de Cavarero que me levaram a lê-lo novamente:

> O gênero autobiográfico e o gênero biográfico se sobrepõem [...] Gertrude escreve sua história

de vida, mas faz com que outra a conte: Alice, sua amiga e companheira, sua amante [...] O gigantesco egoísmo de Gertrude Stein, assim, produz uma ficção literária de histórias entrecruzadas na qual ela mesma se destaca e Alice, todavia, surge como a outra que a olha e a outra que a narra...

Foi provavelmente a partir daí que a relação entre Lenù e Lila, entre as suas escritas, tornou-se mais nítida para mim. E foi provavelmente a partir daí que comecei a pensar que poderia sair de Olga, Delia e, em especial, de Leda se eu trabalhasse em uma espécie de alteridade recíproca necessária, isto é, se narrasse uma ligação entre duas personagens tão fundidas quanto irredutíveis entre si.

A releitura de A *autobiografia* me impulsionou ainda mais nessa direção. Achei que aquele livro tinha ficado tão bom porque, na escrita — e talvez também na realidade —, o egoísmo de Gertrude, como diz Cavarero, se realiza por meio de uma dupla função: a da autora Gertrude Stein, que assina o texto, e a da personagem a quem a autora atribui o nome dela própria, Gertrude Stein, impresso na capa. Mas atenção: se vocês forem ler ou reler o livro, sigam o desenvolvimento, linha a linha, de Alice Toklas. Em sua veste de eu narrador, ela se destaca, surge por inteiro. Não é por acaso que, nas esplêndidas linhas finais, quando Gertrude, visto que a amiga não se decide, promete escrever a autobiografia de Alice, a promessa se formula da seguinte maneira na tradução de Milton Persson: "Vou escrevê-la com a mesma simplicidade com que Defoe escreveu a autobiografia de Robinson Crusoé." Ou seja, minha cara amiga-amante-mulher, vou tratá-la da única maneira como é possível escrever a autobiografia de outra pessoa: tornando-a uma ficção em primeira pessoa, a sua primeira pessoa de protagonista, uma Robinson Crusoé, certamente não uma Sexta-Feira. De resto, embora seja a esposa e esteja encarregada de escrever sobre as esposas dos gênios, como Alice poderia, na organização do texto, sem a estatura literária necessária, reconhecer e representar com verossímil habilidade não apenas esposas de gênios — o que, aliás, ela faz muito bem —, mas uma esposa genial, Gertrude, narrada em terceira pessoa entre homens geniais?

 A esse respeito, quero encerrar citando um trecho famoso no qual Alice narra sobre quando viu Gertrude pela primeira vez:

As duas coisas dela que mais me impressionaram foram o broche de coral que usava e a voz. Devo dizer que apenas três vezes em toda a minha vida me deparei com um gênio e a cada vez ouvi uma campainha tocar dentro de mim, sem a menor possibilidade de engano, e também devo dizer que cada um desses casos ocorreu antes que houvesse qualquer reconhecimento geral da qualidade de gênio neles existente. Os três gênios a que me refiro são Gertrude Stein, Pablo Picasso e Alfred Whitehead.

Destaco aqui somente uma coisa. Achei maravilhoso que uma mulher, a mulher que assinava a capa, se definisse com audácia, pela boca da sua "outra necessária", como um gênio e, ao mencionar a si mesma ao lado de dois homens, tenha se colocado em primeiro lugar. Pareceu-me de um descaramento inigualável e me deu vontade de rir, um riso de simpatia. Não posso jurar, mas acho que, a partir daquele momento, depois de ter chamado por um certo período o meu calhamaço de *A amiga necessária*, passei a chamá-lo de *A amiga genial*. Voltarei a esse assunto da próxima vez.

HISTÓRIAS, EU

Senhoras e senhores, vou começar esse nosso último encontro propondo um breve poema de Emily Dickinson que fala de história e de bruxas. O objetivo é retomar o tema da última vez, quando aludi ao *A amiga genial* e à escrita que estimula e inicia outra escrita. São poucos versos:

Na História, as bruxas foram enforcadas
porém eu e a História
temos toda a bruxaria de que precisamos
todo dia entre nós.

Quero dizer o que sempre me agradou nesse punhado de palavras: aquele "e" que orgulhosamente une "eu e a História". No primeiro verso, está o relato escrito que chamamos de História, o que pendurou na forca a arte das bruxas. Nos outros três, introduzidos pela conjunção adversativa "porém", está o eu, o eu que se une ao relato do passado e, assim, a cada dia, graças àquela união com a História, encontra à sua volta toda a arte de bruxas de que precisa.

Era mais ou menos como eu lia aquela poesia havia algumas décadas, e a referência às bruxas me fazia fantasiar; me entusiasmava que, da escrita que havia sufocado os sortilégios, um eu feminino extraísse uma escrita que, quando necessário, voltava a realizá-los na vida cotidiana fundindo pessoas e coisas consideradas inconfundíveis. Por isso, certamente, entre as influências que me levaram até a *Tetralogia Napolitana*, devo também incluir, ao falar com vocês hoje, a imagem que esses versos sempre invocaram em mim: uma mulher que se senta à mesa e escreve como um desafio, quase um acerto de contas: "eu e a História", uma aproximação que dá início, com ímpeto, a um fio de palavras que extrai, da escrita inimiga da arte das bruxas, uma história que recorre àquela arte. Acho que, com o tempo, dei àquela pequena figura de mulher uma postura atual ao vê-la — a testa franzida, o olhar intenso — digitando no computador em um apartamento em Turim, enquanto tentava inventar outras mulheres, mães, irmãs, amigas — uma amiga-bruxa — e lugares de Nápoles, e pequenas vicissitudes e sofrimentos de parentes e conhecidos, e os últimos sessenta anos de História, extraindo-os de muitos textos em que já se encontravam escritos. Eu a sentia verdadeira, de uma verdade que me dizia respeito.

* * *

Permitam-me, porém, antes de prosseguir, voltar a Gertrude Stein e à sua *A autobiografia de Alice Toklas*. Quero extrair ainda algumas coisas que são importantes para mim sobre o tema da escrita que é estimulada por outra escrita e que, se der certo, encontra a sua verdade.

A "'vida viva' autêntica", como a chamava Dostoiévski, é uma obsessão, um tormento, de quem escreve. Com maior ou menor habilidade, fabricamos ficções não para que o falso pareça verdadeiro, mas para conseguirmos dizer o verdadeiro mais indizível, com absoluta fidelidade, por meio das ficções. Gertrude Stein, naquele livro, chamava Hemingway de desonesto, de covarde — definia-o *"yellow"*. E o fazia porque, a seu ver, Ernest, em vez de contar a história do verdadeiro Hemingway que, se escrita, decerto resultaria em uma grande obra, se limitava a "confissões" — é assim que ela as chamava —, confissões convenientes, confissões — insistia — adequadas para impulsionar sua carreira.

Deixemos de lado a arte de dizer maldades com tom bondoso, também amplamente presente em *A autobiografia*. A acusação de Stein não é: Hemingway tenta dizer a verdade, mas prepara confissões mentirosas. A acusação é: Hemingway, que poderia usar seu talento para escrever sobre seu eu real, nos oferece um produto literário bem-feito, de sucesso, mas mentiroso por motivos oportunistas. A essa altura, a pergunta seguinte só pode ser: se Hemingway, que poderia escrever com sucesso a história do verdadeiro Ernest, fabrica apenas "confissões" úteis à sua carreira, o que faz Stein para não se manchar com a mesma culpa e escrever sobre a Gertrude real?

Exponho a minha ideia. Stein não se limita a escrever sobre o seu próprio estar no mundo mantendo-se dentro de uma forma literária facilmente controlável, que ela chama, um pouco bruscamente, de "confissão". Tampouco se limita, como sabe fazer bem, a dar um estilo, ou seja, a impor a palavras e frases a sua própria tonalidade. Ela pega um gênero extremamente estruturado como a autobiografia e o deforma. Essa é a sua diversidade, e talvez Dickinson dissesse: essa é a sua arte de bruxa. Introduz a realidade dos dados pessoais de Alice, dela mesma e de outros, a matéria biográfica de Alice, dela mesma e de outros, não dentro de uma forma literária facilmente controlável, mas dentro da ficção de uma forma literária facilmente controlável, dentro, portanto, de uma forma que, justamente por ser falsa, pode e deve ser deformada.

Reflitam sobre o que se vê na capa original de *A autobiografia de Alice Toklas*. Ali, ao que parece, há uma referência irônica aos efeitos de verdade que o romance queria obter em sua origem, fingindo oferecer aos leitores não histórias de invenção, mas relatos verdadeiros de viagens aos submundos, manuscritos verdadeiros encontrados, epistolários verdadeiros, diários verdadeiros, ou seja, se continuasse a aplicar aquele velho mecanismo, Gertrude Stein deveria nos apresentar como verdadeira a autobiografia inventada de algum personagem por ela criado. Em vez disso, o mecanismo recebe um golpe que o deforma. Gertrude Stein, pessoa real, se diz autora — *autora* — de uma autobiografia escrita por Alice Toklas, pessoa que não é inventada, mas real, na qual o eu autobiográfico fala, em sua maior parte, não de si mesma, mas de uma outra pessoa, ou seja, da própria Gertrude Stein, genial pessoa real.

Alguém dirá, então, que se trata apenas de "um bizarro subterfúgio". Isso, porém, é um reducionismo mesquinho. Stein está mostrando que para escrever sobre a verdadeira Gertrude não basta escrever com verdade, é preciso aplicar força sobre os grandes receptáculos da escrita literária, sobre as formas que no momento parecem as mais convenientes, as mais bonitas, mas na verdade são uma armadilha mortal para a nossa intenção de escrever "verdadeiramente". Para isso, trata o eu que escreve sobre si mesmo — Alice B. Toklas, a fonte da verdade biográfica — como uma ficção, como uma senhora cuja "vida e opiniões" devem ser narradas em forma de autobiografia, como um Huckleberry Finn na ponta da caneta de Mark Twain. Contudo, feito isso, eis que ela insere um vertiginoso elemento perturbador da ficção, fazendo-o emanar da Alice verdadeira. Toklas é a datilógrafa real dos textos de Stein, é quem a ajuda a corrigir os esboços. É, portanto — como diz o texto —, a leitora que conhece mais a fundo a escrita de Stein. E, de fato, na ficção, dá o tempo todo a impressão de corrigir, acrescentar, esclarecer, sublinhar, até o ponto em que a falsa autobiografia parece um texto que as duas mulheres escreveram, na realidade, uma ao lado da outra, uma ditando e a outra diante da máquina de escrever, fazendo pausas, relembrando, raciocinando.

É esse embaralhamento da relação tradicional entre história de invenção, verdade autobiográfica, verdade biográfica, que faz do livro de Stein uma grande lição para o eu que deseja escrever, certamente uma lição mais estimulante, hoje, do que aquela que podemos extrair dos livros de Hemingway. A culpa de Ernest é ser bem-sucedido respeitando prudentemente as regras de um velho jogo mais do que conhecido; o mérito de Gertrude é ser bem-sucedida seguindo o jogo mais do que conhecido, mas com o propósito de bagunçá-lo e fazê-lo funcionar segundo seus próprios fins.

A questão Stein-Hemingway abriga, é claro, um problema fundamental: desonestidade ou não, covardia ou não, carreira ou não, escrever com verdade é muito difícil, talvez impossível. Em *Memórias do subsolo* — que cito na tradução de Boris Schnaiderman —, Dostoiévski faz seu terrível protagonista dizer:

> Desacostumamo-nos mesmo a tal ponto que sentimos por vezes certa repulsa pela "vida viva", e achamos intolerável que alguém a lembre a nós. Chegamos a tal ponto que a "vida viva" autêntica é considerada por nós quase um trabalho, um emprego, e todos concordamos no íntimo que seguir os livros é melhor.

Quem tem ambições literárias sabe muito bem que é da "vida viva" que vêm os grandes e pequenos motivos que impulsionam a mão a escrever: a ânsia de contar a pena de amor, a pena de viver, a angústia da morte; a necessidade de alinhar o mundo todo torto; a busca de um novo *éthos* que nos remodele; a urgência de dar voz aos últimos, de desnudar o poder e suas atrocidades; a necessidade de profetizar desventuras, mas também de arquitetar mundos felizes por vir. Assim, certa manhã, algo se move dentro de mim, talvez seja apenas uma afronta sofrida por minha mãe, então aflora o eu que morre de vontade de escrever e começo a anotar as primeiras linhas de uma história. Logo se aglomera à minha volta uma longa tradição de narrativas alheias que me comoveram ou indignaram e que se parecem com a minha, isso sem falar na língua de livros, jornais, filmes, televisão, canções, bem como um monte de truques bons para empurrar a "vida viva" para a escrita, todas as coisas que aprendi quase sem me dar conta. É natural, para mim, inserir minha confusa vivência nessa coleção de fórmulas. E é um momento bonito. Se eu tiver sorte, se tiver um pouco de talento, me vêm frases nas quais me parece que as minhas coisas são ditas como se deve. Então passo a dizer a mim mesma com soberba: pronto, essa é a minha voz, com esta minha voz relato a minha vida verdadeira. E outras pessoas vão me dizer o mesmo, e eu também procurarei aquela minha cadência todas as vezes, e, se ela não chegar, ficarei com medo de tê-la perdido, e, se chegar, logo ficarei com medo de tê-la desgastado.

Vocês ouviram? Minha, minha, minha. Como repetimos esse pronome possessivo. Na verdade, um primeiro grande passo à frente, na escrita, é descobrir exatamente o contrário: o que consideramos de maneira triunfal nosso é dos outros. Os intercâmbios com o mundo, sim, em todos os momentos são absolutamente nossos. As palavras — a forma escrita na qual as encerramos, prestando atenção nas margens vermelhas dos nossos cadernos —, não. Precisamos aceitar o fato de que nenhuma palavra é realmente nossa. Precisamos abrir mão da ideia de que escrever é libertar de forma milagrosa uma voz própria, uma tonalidade própria: para mim, esse é um jeito displicente de falar da escrita. Pelo contrário, escrever é, a cada vez, entrar em um cemitério infinito no qual cada tumba espera para ser profanada. Escrever é acomodar-se em tudo o que já foi escrito — a grande literatura e a literatura de consumo, se for útil, o romance-ensaio e o melodrama — e, dentro do limite da própria vertiginosa e abarrotada individualidade, tornar-se, por sua vez, escrita. Escrever é apoderar-se de tudo o que já foi escrito e aprender aos poucos a gastar aquela enorme fortuna. Não devemos nos deixar lisonjear por quem diz: ela tem um tom próprio. Na escrita, tudo tem uma longa história atrás de si. Até a minha insurreição, a minha desmarginação, a minha ânsia, faz parte de um ímpeto que me precede e vai além de mim. Por isso, quando falo do meu eu que escreve, eu deveria logo acrescentar que estou falando do meu eu que leu, mesmo quando se tratou de uma leitura distraída, a mais furtiva das leituras. E devo destacar que cada livro lido levava dentro de si uma multidão de outras escritas que, de maneira consciente ou inadvertida, capturei. Enfim, escrever sobre as próprias alegrias e feridas e noção do mundo significa escrever de todas as formas, sempre, sabendo que você é o produto, bom ou ruim, de encontros-confrontos, buscados e ocasionais, com as coisas dos outros. O erro mais grave do eu que escreve, a mais grave ingenuidade, é a Robinsonada, ou seja, imaginar-se um Robinson que se contenta com a vida na ilha deserta fingindo que os cacarecos trazidos do navio não contribuíram para o seu êxito; ou um Homero que não confessa a si mesmo que está trabalhando com materiais de elaboração e transmissão oral. Nós não fazemos, mas refazemos "vida viva". E assim que nos damos conta disso, se não somos covardes, tentamos desesperadamente contar a verdadeira "vida viva".

Resumindo, a escrita é uma jaula na qual entramos logo, já com a nossa primeira linha. É um problema que foi enfrentado com sofrimento, diria até com angústia, justamente por quem nele trabalhou com mais empenho e envolvimento. Ingeborg Bachmann, por exemplo, insistiu durante toda a vida no esforço de "dizer verdadeiramente". Nas suas aulas em Frankfurt — 1959-60 —, falou da pluralidade do eu que escreve — a terceira aula tem exatamente este título: *O eu que escreve* —, do risco permanente da falsidade, de uma forma ainda hoje necessária para quem ama a literatura. Na sua quinta aula, há um preceito que foi muito importante para mim.

[...] devemos trabalhar duramente com a língua ruim que herdamos para chegar àquela língua que ainda nunca governou, mas que governa a nossa intuição, e que nós imitamos.

Dou ênfase àquele "devemos trabalhar duramente com a língua ruim". Destaco esse trecho antes de propor outra citação, um fragmento de uma entrevista dela de 1955 que me marcou muito e que reutilizei com frequência, adaptando-o, como fiz, afinal, com tantas outras palavras de Bachmann. Ao entrevistador que questiona sobre a língua complicada, abstrata, da poesia contemporânea, ela responde:

> [...] creio que antigas imagens, como as usadas por Mörike ou Goethe, não podem mais ser utilizadas, não devem mais ser utilizadas, pois, na nossa boca, poderiam soar falsas. Devemos encontrar frases verdadeiras, que correspondam à condição da nossa consciência e a este mundo, que mudou.

Vejam: há a pressão do mundo que muda; há a consciência que registra seus golpes; há uma língua que pede poder; há o eu que escreve, que a intui e tenta transformar essa intuição em frases verdadeiras. O fato, porém, é que não podemos prescindir das velhas imagens, da língua ruim. Deparamo-nos com elas, que existem. De onde vamos tirar as novas imagens, a língua boa? A nossa escrita só pode trabalhar em cima da escrita existente — falsa na nossa boca, embora seja de Mörike, de Goethe — se quiser obter o que ainda não existe. No entanto, trabalhar como? Vejamos um último trecho da primeira aula de Bachmann em Frankfurt:

> É possível, de vez em quando, encontrar qualidade também na poesia de um homem qualquer; um bom conto, um romance agradável e inteligente são sempre possíveis. Certamente não faltam talentos nos dias de hoje, e existem acertos casuais, curiosidades, exceções marginais que também podem, pessoalmente, nos agradar. Todavia, somente a direção, a manifestação coerente dos mesmos problemas, um universo único e irrepetível de palavras, figuras e conflitos podem nos induzir a reconhecer um poeta como imprescindível.

É assim, tragicamente assim. Sob os empurrões do mundo, qualquer pessoa pode, com a escrita, fazer algo bom, mas um poeta só é realmente imprescindível quando reconhecemos na sua obra um universo único e imodificável de palavras, figuras, conflitos. Todavia, trabalhando com a língua ruim, com as palavras falsas herdadas, é muito difícil dizer onde e como se afirmou e se desenvolveu aquele universo verdadeiro, tão bem-sucedido. Ao longo dos anos, mudei de ideia com frequência. Contudo, nunca deixei de dar peso à escrita herdada, da qual é feito, querendo ou não, o eu que escreve. Nem jamais subestimei a casualidade que põe em movimento a mão que escreve, quando ela vai buscar presentes justamente na "língua ruim", isto é, como Bachmann, penso que é justo marcar a diferença entre uma bela poesia, um bom conto, um romance agradável e inteligente de uma pessoa comum e a obra de um autor ou uma autora imprescindível. É uma diferença fundamental para o destino da literatura. No entanto, primeiro tendo a imaginar que a pessoa comum e a fora do comum partem do mesmo terreno: a escrita literária com suas catedrais, suas paróquias no campo, seus tabernáculos nos becos escuros; e, segundo, que o acaso — a mão que afunda no balde e extrai palavras — tem o mesmo papel ao pôr em movimento tanto obras menores quanto grandes obras. As frases verdadeiras, boas ou excepcionais sempre buscam seu caminho entre frases feitas. E as frases feitas foram em algum momento frases verdadeiras que abriram caminho dentro de frases feitas. Nessa corrente de obras menores e grandes obras, em cada elo grande ou pequeno, há trabalho árduo e iluminações casuais, esforço e sorte. O caminho de Damasco não é uma estrada bem sinalizada que leva a iluminações. É um caminho como qualquer outro no qual, por acaso, enquanto damos duro e suamos, podemos vir a perceber que há outra trilha possível.

Então o fazer literário só pode acontecer quando se inscreve no grande pergaminho da escrita? Sim. A escrita deve lidar inevitavelmente com outra escrita, e é do terreno do que já foi escrito que surge, por acaso, a frase que põe em movimento um livrinho agradável ou o grande livro que mostra a direção e constrói um universo único de palavras, figuras e conflitos.

Se isso é verdade para o eu masculino que escreve, é ainda mais verdadeiro para o eu feminino. Uma mulher que deseja escrever deve lidar, inevitavelmente, não apenas com todo o patrimônio literário do qual se alimentou e em virtude do qual deseja e pode se exprimir, mas também com o fato de aquele patrimônio ser essencialmente masculino e, por sua natureza, não prever frases verdadeiras femininas. O meu eu feito de escrita ruminou predominantemente, desde os seis anos, escrita masculina, julgando-a universal; a minha própria veia escrevinhadora vem daí. Não só isso. Esse eu feminino alimentado de escrita masculina também precisou introjetar que a ele cabia — era adequada — uma escrita de mulheres feita para mulheres, em si mesma menor, pois pouco frequentada pelos homens, ou melhor, considerada por eles coisa de mulher, ou seja, dispensável. Na minha vida, conheci homens muito cultos que, além de nunca terem de fato lido Elsa Morante ou Natalia Ginzburg ou Anna Maria Ortese, nunca haviam lido Jane Austen, as irmãs Brontë, Virginia Woolf. E eu mesma, quando garota, queria evitar de todas as formas a escrita feita por mulheres, sentia que minhas ambições eram outras.

Quero dizer que o nosso eu — o eu feminino que escreve — teve diante de si um percurso árduo, ainda está abrindo o próprio caminho e o fará por sabe-se lá quanto tempo ainda. Basta tentarmos esboçar algo, e a todos os problemas relativos à insuficiência da escrita que tentei elencar se somará o fato de que nem uma página sequer, esplêndida ou tosca, relata de fato, profundamente, a nossa verdade como mulheres, aliás, não a relata em absoluto. Percebe-se um excedente que transborda, para o qual seria necessário um recipiente específico, mas, se tudo dá certo, conseguimos encontrar um compatível. Escutem estes versos da poeta mexicana María Guerra:

> Perdi um poema
> Já estava escrito
> e pronto na folha
> para formar o livro,
> procurei-o em vão.
> Era um poema
> com vocação para vento.

É exatamente isso que acontece com os nossos esforços de escrita: as palavras estão prontas *para formar el libro* — diz María Guerra — e, todavia, não estão na forma, saem das margens, perdem-se no vento.

Quando garota, achei que as coisas eram assim. Quando garota, às vezes eu me sentia exuberante demais, achava que me excedia. Não era só uma questão de escrita. Também a oralidade ficava obrigatoriamente encerrada em discursos de mulheres; ou dentro das frases julgadas pronunciáveis, com o devido tom mulheril, no diálogo com os homens; ou dentro de palavras que eram obscenamente as deles e que dizíamos entre nós rindo, mas também com nojo. O resto era silente, nunca conseguíamos nos exprimir plenamente. Recorríamos ao italiano falado segundo a falsa oralidade da rádio e da televisão, mas não adiantava. O dialeto também não nos ajudava. Havia sempre algo que não funcionava, que causava incômodo.

Tive problemas com o dialeto, nunca consegui me convencer de que permitia mais verdade do que o italiano escrito. Italo Svevo, que pela boca de Zeno Cosini considerava mentirosa toda confissão escrita em ítalo-toscano, achava que as coisas podiam sair melhor em dialeto triestino. Por muito tempo, também acreditei e trabalhei muito nisso. Amo a minha cidade, não me parecia possível narrar Nápoles sem a sua língua. Trechos importantes de *Um amor incômodo* e até da *Tetralogia Napolitana* foram escritos em dialeto, mas, no final, apaguei-os e transformei-os em um italiano com cadência napolitana. Isso porque o léxico e a sintaxe dialetais, assim que entram na escrita, me parecem ainda mais falsos do que o italiano. A transcrição deveria resultar em uma mimese eficaz da oralidade; porém, para o meu ouvido, parece uma traição. Além disso, uma vez escrito, o dialeto napolitano parece esterilizado. Perde paixão, perde afetos, perde a sensação de perigo que muitas vezes me comunicou. Na minha experiência como criança e adolescente, foi a língua da grosseira vulgaridade masculina, a língua da violência com a qual eu era insultada na rua ou, ao contrário, a língua açucarada usada para enganar as mulheres. Uma emoção minha, naturalmente, parte das minhas desventuras pessoais. Lentamente, pareceu-me eficaz, no fazer literário, usar o dialeto não como costuma ser usado na narrativa realista, mas como um riacho subterrâneo, uma cadência dentro da língua, uma legenda, uma perturbação da escrita que irrompe de repente com poucas palavras, em geral obscenas.

O desafio — eu pensava e penso — é aprender a usar com liberdade a jaula na qual estamos presas. É uma contradição dolorosa: como é possível usar com liberdade uma jaula, seja ela um sólido gênero literário, sejam hábitos expressivos consolidados, seja até mesmo a própria língua, o dialeto? Uma resposta possível me parecia ser a de Stein: adaptando-se e, ao mesmo tempo, deformando. Manter a distância? Sim, mas só para depois aproximar-se o máximo possível. Evitar o puro desabafo? Sim, mas depois desabafar. Almejar coerência? Sim, mas depois ser incoerente. Passar a limpo várias vezes até que as palavras não façam mais atrito com os significados? Sim, mas para depois usar o rascunho. Carregar os gêneros de expectativas convencionais? Sim, mas para depois frustrá-las. Enfim, habitar as formas e depois deformar tudo o que não nos contém por inteiro, que não pode de modo algum nos conter. Parecia-me útil que as mentiras adornadas do grande catálogo literário apresentassem calombos e rachaduras, se chocassem umas contra as outras. Tinha a esperança de que surgisse, surpreendendo sobretudo a mim, uma verdade inesperada.

Procedi dessa maneira, especialmente nas duas últimas obras que publiquei: a *Tetralogia Napolitana* e *A vida mentirosa dos adultos*. Assim como todos os meus outros livros, não sei se são bem-sucedidos ou não. Em vez disso, sei que, muito mais do que os três primeiros, no centro deles está o narrar-se e a narração das mulheres. Se, nos outros textos, as protagonistas escreviam para si mesmas — escreviam autobiografias, diários, confissões, impulsionadas por suas feridas ocultas —, agora que o eu narrador tem amigas, o esforço não é mais escrever para si sobre as interações com o mundo, mas narrar as outras, ser por elas narrada, em um jogo complexo de identificação e alheamento.

Na *Tetralogia Napolitana*, a história da escrita — da escrita de Elena, de Lila e, de fato, da própria autora — é, nas minhas intenções, o fio que mantém unido todo o encontro-confronto entre as duas amigas e, com ele, a ficção do mundo, da época em que elas agem. Segui essa direção porque, nos últimos anos, me convenci de que toda narração deveria conter, sempre, dentro de si, também a aventura da escrita que lhe dá forma. Consequentemente, tentei contar uma história cuja estrutura está baseada no fato de que ambas as protagonistas tentam, desde criança, subjugar o mundo hostil à sua volta por meio da leitura e da escrita. Compram o primeiro livro de sua vida com o dinheiro sujo de um camorrista. Depois o leem juntas e planejam escrever a quatro mãos para se tornarem ricas e poderosas. Lila, porém, rompe o pacto e escreve sozinha seu livro infantil, com uma escrita que vai impressionar Lenù a tal ponto que ela vai tentar, por toda a vida, adaptá-la à sua própria escrita.

Já falei dos dois tipos de escrita que conheço, a diligente e a desmarginada, e que, até hoje, controlo mal. Já falei das sugestões derivadas de Cavarero, Emilia e Amalia, Toklas e Stein, Dickinson, Bachmann. Tudo isso — e outras coisas que não tenho tempo de discutir — contribuiu para pôr em movimento Lenù, que deseja adaptar o talento convulso de Lila à própria diligência, e Lila, que incita a amiga, molda sua existência, exige cada vez mais dela.

O eu que escreve e publica é o de Lenù. Da escrita extraordinária de Lila, nós, ao longo de toda a *Tetralogia Napolitana*, só saberemos o que Lena nos resume. Ou o pouco que emerge da escrita de Lena. A certa altura, falei a mim mesma: você deve inventar trechos das cartas ou dos cadernos de Lila. Contudo, por um lado, me pareceu incoerente com a rebelde subordinação de Lena, com a sua autonomia seduzida que tende, em um processo tão complexo quanto contraditório, a absorver Lila debilitando-a, a potencializar Lila absorvendo-a. Por outro lado — confessei a mim mesma quando o livro já estava em um ponto avançado —, será que eu, que escrevo junto com Lenù, eu, a autora, saberia criar a escrita de Lila? Não estou inventando aquela escrita extraordinária justamente para falar da insuficiência da minha?

Houve uma fase, durante a redação da história, em que desenvolvi a ideia de que Lila entrava no computador de Lenù e melhorava o texto, mesclando seu modo de escrever com o da amiga. Escrevi várias páginas em que a escrita diligente de Elena mudava, fundia-se, confundia-se com a escrita irrefreável de Lila. Aquelas tentativas, porém, me pareceram artificiais e, no fundo, incongruentes: deixei apenas alguns vestígios daquele possível desenvolvimento. Ainda mais porque esse caminho, caso eu o tivesse seguido, implicaria que, ao transformar progressivamente a escrita de Lena em uma escrita colaborativa com a de Lila, eu seria obrigada a mudar de forma decisiva a configuração da história. Essa configuração previa que, após Lila descumprir o pacto de escrever um livro a quatro mãos com Lena, Lena só poderia escrever um romance casualmente acertado, algo como os livros de Hemingway para Stein, como aqueles das pessoas comuns mencionados por Bachmann, ou seja, os que dão início a uma carreira, mas nada além disso. Lena, no plano da escrita, devia ser assim: realizada, mas sem satisfação de verdade. Ela sabe que Lila não gosta dos seus livros. Sabe que escreve colocando a escrita da amiga entre as margens. Sabe que, sozinha, nunca conseguirá sair da língua ruim, de antigas imagens que soam falsas, enquanto a amiga, provavelmente, sim. Inserir nessa estrutura uma fusão dessas duas escritas, uma confusão, significaria chegar a um final feliz no qual aquilo que as duas meninas não haviam feito — escrever juntas um livro — seria realizado pelas duas adultas, criando uma espécie de livro final que seria a história da vida delas. Impossível, para mim. Enquanto eu escrevia a *Tetralogia Napolitana*, um final desse tipo me parecia inconcebível.

Algo mudou recentemente. Enquanto eu projetava *A vida mentirosa dos adultos*, pensei de novo na poesia de Dickinson que citei no início e percebi com grande atraso um momento importante naqueles versos. Vamos escutá-los outra vez.

Na História, as bruxas foram enforcadas
porém eu e a História
temos toda a bruxaria de que precisamos
todo dia entre nós.

No que eu não havia prestado atenção? Não havia prestado atenção em como "eu e a História" gerava um "nós" e um espaço "em torno a nós". A *Tetralogia Napolitana*, embora tenha recebido um impulso daqueles versos, não teve esse êxito. O fio da narrativa, no tumulto da História, na multidão de personagens femininas com suas vicissitudes, para não correr o risco de se partir, agarrava-se ao *eu e você*. Claro, em relação ao eu lacrado dos três livros anteriores, o recíproco *inleiarsi* (palavra dantesca, embora Dante não a tenha inventado, que significa "penetrar espiritualmente, compenetrar-se") de Lila e Lenù era um passo gigantesco.

Contudo, naquele momento, surgia a meus olhos um novo limite. O pecado original das duas amigas era ter acreditado que podiam fazer tudo sozinhas, a primeira quando criança e a segunda quando adulta. Fechadas na distinção entre quem, da língua ruim, extrai apenas livrinhos e quem, por sua vez, consegue fazer livros imprescindíveis, Lena se depara com a mediocridade e perecibilidade das próprias obras, coisa que é reconhecida pelas próprias filhas, e Lila evita qualquer publicação, entregando-se a uma fuga permanente.

Com A *vida mentirosa*, tentei fazer algo diferente. Concebi uma história na qual não sabemos quem é a mulher-personagem que a escreve. Poderia ser qualquer uma, entre as que aparecem na história, simulando o eu de Giovanna, inclusive, naturalmente, a própria Giovanna. A história deveria ser muito longa, oscilar permanentemente entre mentira e verdade, com um título geral que resumia a condição de grande parte das personagens femininas: *O estado de viuvez*. Eu mesma, na minha função de autora, deveria entrar em cena, contando minhas dificuldades de escrita e o esforço para manter unidas diversas fontes, segmentos narrativos incoerentes, sensibilidades afins e, todavia, em conflito, qualidades de escrita muito diferentes. No entanto, já no primeiro e longuíssimo esboço, perdi as forças. A empreitada me pareceu destinada a ficar inacabada, mais um emaranhado do que uma história. Neste momento, descarto a ideia de ir além do volume-preâmbulo que publiquei e, além disso, acredito que aquele livro pode se arranjar sozinho.

Hoje acho que, se a literatura escrita por mulheres quiser ter sua própria escrita da verdade, o trabalho de todas é necessário. É preciso abrir mão, por um longo intervalo de tempo, da distinção entre quem só faz livros medianos e quem fabrica universos verbais imprescindíveis. Contra a língua ruim que, historicamente, não prevê acolher nossa verdade, devemos confundir, fundir nossos talentos, nenhuma linha deve se perder ao vento. Podemos chegar lá. E, com esse propósito, quero repensar mais uma vez com vocês a poesia de Dickinson que nos guiou hoje até aqui:

> Na História, as bruxas foram enforcadas
> porém eu e a História
> temos toda a bruxaria de que precisamos
> todo dia entre nós.

Acredito que a pura e simples união do eu feminino à História muda a História. A História do primeiro verso, aquela que pendura na forca o ofício de bruxa — percebam, algo importante aconteceu —, não é — não pode mais ser — a História do segundo verso, com a qual encontramos à nossa volta toda a bruxaria que nos serve.

A COSTELA DE DANTE

Em um ensaio de 1966, Maria Corti — a cujo extraordinário trabalho devo o impulso de reler Dante depois do primeiro encontro nos tempos do ensino médio — distinguia, com justo sarcasmo, a competência de Eugenio Montale sobre questões dantescas e "um certo diletantismo, mesmo que genial, em voga entre os nossos escritores, ou um vácuo da improvisação militante, acostumada a saquear rapidamente um texto ou dois para depois se exibir, confiante em sua própria virgindade cultural". Concordo com cada uma dessas palavras. Então, por que decidi confirmar aqui, nesta ocasião, o que Corti, cinquenta e cinco anos atrás, disse sobre tantos de nós que nos abandonamos à veia escrevinhadora?

Por amor, eu diria. Aliás, pelo amor que, pela primeira vez, ficou gravado em minha mente quando, ainda garota, li os versos de Dante e dos seus amigos: o amor associado ao temor, ao tremor, até mesmo à angústia e ao horror. Aos dezesseis anos, fiquei impressionada pelo fato de que amar fosse aquele padecimento, uma exposição a um perigo certeiro. E não tanto por causa da morte sempre à espreita, mas pela própria natureza do amor, de uma energia sua que potencializava e, ao mesmo tempo, desfalecia e mortificava o espírito da vida. Enquanto isso, porém, ficou profundamente marcada em mim a ideia de que, sem amor, a saudação alheia e, portanto, a nossa salvação, tanto no céu como na terra, era impossível, de maneira que era inevitável expor-se, arriscar-se. Começo a escrever estas linhas sobretudo para admitir a mim mesma que amei e amo as palavras de Dante, embora esgotada por sua força; e me assusta a simples tentativa de entender esse amor sem, entre outras coisas, o estudo assíduo que Corti justamente exige. Por isso, decidi ater-me às duas ou três coisas que, entre o ensino médio e a universidade — quando, mais do que qualquer outra coisa, eu queria escrever —, tirei de Dante para depois, entre mil ajustes e mal-entendidos, cultivá-las na minha cabeça como se fossem minhas.

O Dante que li e estudei, há cinquenta anos, partia da tradição provençal e sículo-toscana, e daí criava um seu *stil nuovo*, interpretando, quase sem querer, a necessidade de uma literatura mais fina por parte da classe dirigente municipal. Dedicava-se ao estudo, tornando-se, para todos os efeitos, um sábio poeta-filósofo que colocava Cristo no centro da história humana e, por fim, alicerçava o portentoso edifício da *Divina comédia* sobre um racionalismo aristotélico ligeiramente matizado, no último canto, de misticismo.

Essa é uma fórmula que, na época, decorei com diligência e, hoje, quando posso, reutilizo de bom grado com algumas atualizações. Contudo, se tivesse de elencar o que de fato me marcou quando garota — não tanto como estudante, mas como leitora iniciante e aspirante a escritora —, eu começaria pela descoberta de que Dante narrava obsessivamente o ato de escrever, em sentido literal e figurado, representando continuamente sua potência e sua inadequação, a transitoriedade do bom resultado e o fracasso.

Abalou-me, sobretudo, a representação do fracasso. Parecia que, mesmo quando destacava seus sucessos, Dante não sabia evitar a ideia de que encerrar a experiência humana no alfabeto é uma arte exposta às desilusões mais amargas. Não vou aborrecê-los aqui com as numerosas citações que encontrei nos cadernos daquela época. Digo apenas que, já na primeira leitura no ensino médio, senti muita pena de Bonagiunta. As palavras que Dante põe em sua boca, no canto XXIV do Purgatório, me comoveram:

"Irmão", disse ele, "ora vejo a barreira
que o Notaro e Guittone e a mim prendeu
deste, que eu ouço, novo estilo à beira.
E as vossas penas como, ora vejo eu,

bem acompanham aquele que os dita,
o que co' as nossas não aconteceu;
e quem ainda mais adentro fita
nada vê mais entre um e outro estilo".

Sofri por aquele *ora vejo*, por aquela melancólica constatação de incapacidade, como se dissesse: pronto, agora me dou conta de que havia um obstáculo, e você, Dante, o percebeu e com a sua escrita conseguiu superá-lo, ao passo que o Notaro, Guittone e eu, não.
Por que um é bem-sucedido e outros fracassam? Por falta de inspiração? Por embotamento sentimental, por insuficiência mental e de compreensão, como se costuma dizer, da própria época? Não. Fiquei surpresa ao perceber que, para Bonagiunta, tratava-se de uma questão de velocidade. Aliás, confesso que a leitura daqueles versos me fez pensar nas minhas provas de ditado no ensino fundamental, o medo de ficar para trás — como muitas vezes acontecia — e me perder enquanto a professora, lendo um texto, articulava as palavras em voz alta atrás da sua mesa. Da mesma forma, me parecia que a culpa do Notaro, de Guittone, do próprio Bonagiunta, consistia não

tanto em prestar pouca atenção no que Amor inspira e dita, mas em não conseguir acompanhar suficientemente seu ritmo, como se a transformação da voz em escrita fosse angustiantemente lenta.

Devo dizer que aquela impressão de leitora com ânsia de escrever não enfraqueceu nem um pouco quando, ao longo dos anos, com o aumento das leituras místicas (Casella, Corti, Colombo) das obras de Dante e a identificação de suas fontes, consolidou-se para mim a ideia de que aquilo que Amor *inspira* e *dentro o ouço* — para que a caneta depois atenda e se manifeste — é, por um lado, sim, a enunciação de uma poética, mas, sobretudo, a explicitação de uma dificuldade. De fato, Dante-autor constrói o episódio de maneira que sucesso e fracasso sejam as faces da mesma moeda. A palavra suave, em seu salto quântico do interior do coração para o exterior da escrita, precisa de um escriba capaz e rápido. E, se essa passagem não se realiza com velocidade — e Bonagiunta admite: *as vossas penas/ bem acompanham aquele que os dita/ o que co' as nossas não aconteceu* —, o fracasso é inevitável. Dante-personagem soube desvencilhar-se (Guglielmo Gorni) e ser escriba desvinculado, escrevendo, portanto, velozmente, ao acompanhar o ditado de Amor; Bonagiunta, por sua vez, ficou preso e, por isso, é lento, vinculado.

De que natureza é o vínculo que nos impede de ser escribas velozes? Eu achava que o próprio Dante o dizia implicitamente, recorrendo ao termo "estilo": existiu um estilo velho, que instruiu a mão; o Notaro, Guittone, Bonagiunta foram adestrados naquele estilo, e eu, Dante, também; mas agora me desvencilhei dele, tornara-se um meio insuficiente; a palavra ditada pelo Amor exige outro estilo, ou seja, mais adestramento, uma escrita que, desatados os nós anteriormente adquiridos, pareça — como ele escrevera em *Vida nova*, e eu anotei nos meus cadernos — "*como se* movida por si mesma".

Eu unia trechos distantes entre si. Aquele "como se" era, a meus olhos, importante. Nenhuma língua e nenhuma escrita se fazem sozinhas, ou seja, o escriba deve estudar e adquirir tal destreza que a palavra, ao se tornar escrita, seja "*como se"* corresse de dentro para fora, do coração para a página, autonomamente. O *stil nuovo*, para ser novo, devia se esforçar na identificação dos limites do velho e superá-los, obtendo assim uma escrita capaz de nunca mais perder nada do ditado de Amor. Bonagiunta — eu dizia a mim mesma — queria ter feito direito, mas não tivera o estudo, a disciplina necessária para acompanhar de perto aquele ditado. Dante, não. Ele — talvez mais do que qualquer outro grande escritor do passado e do futuro — conhecia, temia e combatia a insuficiência da escrita, ou melhor, considerava-a parte da limitação e da transitoriedade do humano. A sua própria obsessão com o novo, presente desde logo na sua obra, derivava da consciência de que uma escrita estava vinculada a outra; de que cada palavra tinha sua tradição; de que a cada primeiro discurso aninhava-se um segundo; de que dentro de Cimabue surgia Giotto; de que era necessário aprender, sozinhos ou em alguma escola, sempre a partir da escrita alheia; de que, como acontece com um atleta, quanto mais disciplinada fosse a caneta, mais nos tornávamos velozes, capazes de ir ao encalço da voz de Amor e captar aquilo que, invariavelmente, havia escapado à tradição escrita; de que, em suma, toda forma era uma jaula não duradoura, mas necessária, se almejássemos escrever como ninguém havia jamais escrito.

A *Divina comédia*, dessa maneira, me pareceu uma armadilha extraordinária, minuciosamente preparada por muito tempo. Ainda hoje acredito que nenhum autor, nos últimos setecentos anos, conseguiu transformar a análise viva e esmerada do próprio tempo, e a memória ainda mais esmerada dos escritos do passado, em uma jaula tão repleta da vida de todos e, ao mesmo tempo, tão singularmente pensada, tão apaixonadamente pessoal, tão minuciosamente local-universal. Alguém de índole generosa citou Proust e tentei me convencer. No entanto, não consegui.

Desde aquelas primeiras leituras de tantos anos atrás, o ardil maravilhoso me pareceu ser a identificação. Na minha lista essencial de leitora com veia escrevinhadora, esse é o dom mais assombroso de Dante. Por comodidade, quero continuar no encontro com Bonagiunta. Eu estava lendo e me exaltava: que lindo este *aquele eu sou*, como é eficaz essa orgulhosa definição do próprio trabalho. Dois versos mais adiante, porém, lá estava eu sofrendo. Sofrendo por Bonagiunta e sua honesta admissão de fracasso. Dante era Dante em sua plenitude, em seu desmedido orgulho de fundador do novo; mas também era, ao mesmo tempo, o ultrapassado Bonagiunta. Representava seu paroquialismo usando a memória do seu próprio paroquialismo. Apresentava o fracasso de Bonagiunta alimentando-o com sua angústia de não ter tempo de vida suficiente para aprender a fazer melhor.

A capacidade de Dante de se deslocar para o outro, mesmo baseando-se no eu autobiográfico com os seus limites estruturais, me deixava boquiaberta. O segredo da sua língua enérgica, capaz de fulgurantes expressões sintéticas, muitas vezes tão rápidas a ponto de fixar o outro em um gesto fugidio, uma pose carregada de sentimentos e ressentimentos não mais que perceptíveis, me parecia sobretudo um efeito da identificação. Uma descrição dantesca nunca é somente uma descrição, mas sempre um transplante de si mesmo, um salto rapidíssimo do coração — poucos segundos — de dentro para fora. E certos diálogos, especialmente quando são rápidos, feitos de falas de meio verso, são uma espécie de distribuição frenética de partes contrastantes. Saltos do eu para fora de si mesmo, motivados pela compreensão — justamente no sentido de entender por meio da assimilação — de todas as coisas, do animado e do inanimado, do erro e do horror.

Talvez a potência da identificação, demasiado evidente no poema — quase uma necessidade irreprimível de encurtar ao máximo as distâncias —, devesse ser observada não apenas no Dante poeta-narrador, mas também no Dante leitor. Na escola, a força das suas analogias me atordoava. Contudo, depois, tive outras oportunidades de estudo e aprendi que aquelas imagens muitas vezes derivavam da leitura de textos de vários tipos. Todavia, nunca se tratava de uma pura transcrição ou de uma homenagem deferente ou de um trabalho de tradução fiel. Dante, mesmo quando lia versos pagãos ou a Bíblia ou páginas filosóficas, científicas, místicas, entrava nas palavras dos outros de maneira tão íntima que captava os segredos do seu sentido e da sua beleza, encontrando para elas uma escrita sua.

Às vezes, essa operação era bem-sucedida e se tornava memorável; outras, parecia fracassar, como se o texto de partida não houvesse ditado o suficiente ou ele não tivesse notado o notável com a devida velocidade, perdendo algo. Entretanto, a energia verbal que Dante emanava ao se deslocar para um texto e depois voltar para si mesmo com o butim me parecia sempre indiscutível, mesmo quando os versos, comparados com os proverbiais, pareciam confusos, obscuros ou até mesmo feios.

Aliás, devo dizer que estes últimos me absorviam mais. Eu suspeitava que, no seu caso, a feiura e a desordem demonstrassem uma tendência a aumentar a aposta. Em todas as três partes da *Divina comédia*, eu via o esforço de ir além do que ele já sabia imaginar e fazer. Às vezes, eu pensava: aqui nem mesmo as anotações mais eruditas o acompanham; e quebrava a cabeça e dizia a mim mesma: ele deixou para trás não apenas a sua noção de beleza, mas também a nossa; estamos acostumados a ler e escrever com excessiva prudência, somos vis; ele, não, ele tenta fazer poesia até com a negação da poesia.

* * *

Para expressar esse impulso extremo rumo à identificação, ele nos deixou — no canto IX da parte em que conjectura a felicidade celeste dos intercâmbios silenciosos, um fundir-se e confundir-se na luz mística — palavras como *inluiarsi*, *intuarsi*, *inmiarsi* (tornar-se ele, tornar-se você, tornar-se eu). Foram verbos extremamente audazes e, por isso, malfadados. Preferimos a palavra que usei até agora: identificar-se. No entanto, naquelas palavras, vi e ainda vejo o maior desejo de qualquer um que escreve e narra: a ânsia de se desprender de si mesmo; o sonho de se tornar o outro sem obstáculos; um ser você ao mesmo tempo que você sou eu; um fluir da língua e da escrita sem mais sentir a alteridade como um estorvo.

Chamou minha atenção, porém, que Dante nunca tenha inventado um *inleiarsi*, um tornar-se ela. Contudo, ele tinha uma violenta atração pelo feminino, uma forte sensibilidade de mulher (relevante, e também um pouco engraçado, que Pound definisse como *femininas* as rimas de Dante, sempre com a tônica na penúltima sílaba). Ousara a ponto de representar-se hipersensível como uma Sibila, seu corpo exposto desde o nascimento aos sinais mais imperceptíveis (Claudio Giunta), a todas as fragilidades. E, sobretudo, havia imaginado Beatriz, a mais nova das suas novidades.

A esta altura, gostaria de fazer uma pequena correção. Eu disse que decidi escrever este texto por amor a Dante. E é verdade. No entanto, como pretendo fazer um esforço para falar da maneira mais "verdadeira" possível — a verdade está sempre em primeiro lugar entre os pensamentos de quem escreve, sobretudo a respeito de Dante —, quero precisar que, em mim, o amor por Dante se uniu de imediato à sua mais ousada criação: justamente Beatriz. Ou melhor, se me atenho às lembranças de leitora adolescente, devo acrescentar que foi ela quem me fez amar Dante logo de cara. Fiquei imediatamente agradecida a ele por ter representado a si mesmo como um homem medroso, perdido na selva escura, sujeito ao pranto e ao desmaio diante da dor dos outros, salvo por uma verossímil mulher florentina que, primeiro, começava o trabalho de salvação recusando-se a cumprimentá-lo e, depois, tendo passado dessa vida para outra melhor, reeducava-o ao retirá-lo definitivamente da condição de bobalhão delirante.

Ainda hoje tenho dificuldade de entender o que ela fez. Foi justamente Guglielmo Gorni a destacar que Beatriz "é a única mulher em toda a literatura ocidental a ser investida de um papel tão honroso". Entretanto, por que apenas Dante coloca a sua mulher em uma posição tão alta na hierarquia corrente do feminino? De que estratégias se utiliza para conseguir lhe atribuir plausivelmente tal honra?

Por muitos anos, pensei que uma investidura daquele nível estivesse totalmente fora da norma do seu tempo. Na verdade, porém, Dante estava bem dentro daquela norma. Descartava, por exemplo, a possibilidade de uma mulher ter sido a primeira a realizar o egrégio ato da fala. Considerava o dom da eloquência propriedade exclusiva de Adão, de cuja primeira articulação da respiração saíra a palavra: Deus. (Lendo *De vulgaris eloquentia*, eu fantasiava que a primeira mulher, na falta de uma língua sua, tinha aprendido por necessidade a língua da serpente, a única disponível, para ter entendimento do mundo criado.) Tanto antes quanto depois de Babel, Dante não atribuía nenhuma dignidade aos usos linguísticos das mulheres, comparados no *Convívio* aos pueris. Enfim, as mulheres se distinguiam por sua beleza e por seu silêncio, e a jovem Beatriz das *Rimas* e de uma boa metade de *Vida nova* não é de forma alguma uma exceção.

No cotidiano, Dante a representa fechada em suas vestes coloridas e compostas, muito reservada e distante das decotadas florentinas denunciadas por seu antepassado Cacciaguida, mas linda a ponto de ocupar lugar de destaque na hierarquia do desejo estabelecida pelos homens. Nos sonhos, está muda e nua, ou melhor, coberta apenas por um tecido vermelho transparente, e é pouco provável que aquela nudez mal velada seja símbolo de pureza. Tem olhos juvenis para deslumbrar e boca para sorrir ou, na melhor das hipóteses, para um salvífico cumprimento que não é o início de uma conversa, mas emudece e faz tremer. Em suma, o jovem poeta está preso no feminino provençal, da sua adaptação sículo-toscana, da reinvenção guinizelliana e dos traços angustiados de Cavalcanti.

Contudo, depois, algo começa a mudar, antes mesmo da morte da jovem dama. Eu achava bonitos, em *Vida nova*, os momentos em que ela não cumprimentava Dante. E também gostava quando, junto das suas vivazes amigas, Beatriz zombava dele, deixando-o à beira do desmaio, encurralado contra uma parede pintada como se ele mesmo nada mais fosse do que um artefato, uma figura entre figuras, uma ficção entre ficções. Todavia, sobretudo, era memorável a reviravolta do capítulo XIX, quando, ao passar por uma estrada que corria ao longo de um rio claro, Dante sentiu "grande vontade de dizer versos" e um forte impulso para mudar de registro, apagar a convenção literária da servidão amorosa e substituí-la pelo elogio sem contrapartida da gentilíssima dama.

Todos os manuais destacavam aquele trecho e eu memorizava sua importância: era o início de um longo percurso de estudo e de consequente autotransformação. No fim das contas, entretanto, ficou na minha mente aquela "grande vontade de dizer versos" seguida pela irrupção ("a minha língua pôs-se então a falar como se movida por si mesma") daquele primeiro verso: *Vocês, mulheres que entendem de amor*. Tanto que, se hoje me perguntam no que consiste a reviravolta daquele capítulo XIX, me esforço para responder com fórmulas do tipo: a Beatriz histórica, de pessoa encarnada no "tu", se transforma em matéria finíssima do discurso poético dantesco. Lembro-me de imediato, por conseguinte, de como me impressionou aquela maneira de definir as destinatárias da canção: *vocês, mulheres que entendem de amor*; ou seja, mulheres que não são "meras fêmeas", mas têm capacidade de entender Amor.

Eu sentia que, naquele trecho famoso, toda a hierarquia do feminino era repensada, e não mais em nome da servidão do amor, e talvez nem sequer apenas em nome do coração gentil. A palavra da recriação dantesca era *entendem*, palavra de complexa tradição escrita, logo seguida, em posição de genitivo objetivo, por outra palavra — Amor — com uma tradição escrita igualmente complexa. Dante dava um salto realmente inesperado, bem visível apenas se evitamos a interpretação que contrapõe, na análise do texto, as "meras fêmeas" à sua mutação em figuras simbólicas. No geral, as filhas de Eva continuavam a ser um "bando vulgar". No entanto, delas se separavam as mulheres gentis — ou seja, diferentes das mulheres desaforadas e tristes como Micol no canto X do Purgatório —, dotadas até de excesso de entendimento, provavelmente pertencentes à categoria sociológica esboçada no *Convívio*, isto é, seres humanos que não puderam se alimentar de saber não por causa de um defeito orgânico ou de superficialidade e preguiça, mas pelos "cuidados familiares ou civis". É uma elite à qual o homem-poeta, sensível e culto, se dirige com a sua palavra fina ditada por Amor, pois sabe que *aquela* palavra será entendida por *aquelas* mulheres. Claro, a língua delas só pode ser a das mulheres, daí sua natureza imprestável. Claro, elas não podem falar, só podem deixar que as elogiem. Todavia, eis que são julgadas capazes de absorver o elogio conceitualmente complexo que o poeta faz a seu respeito na pessoa daquela que melhor as resume: a não apenas gentil, mas gentilíssima Beatriz. O jovem autor de *Vida nova*, uma vez deixadas de lado a atração sexual e a hierarquia da beleza, inaugurava assim uma nova hierarquia do feminino bascada na capacidade de entender. Eliminadas as finalidades sexuais, mas mantida a categoria das mulheres gentis que, inclusive com a própria beleza, agitavam o coração igualmente gentil dos homens, Dante isolava uma categoria feminina à qual era possível expor, oferecer como leitura, cantar pensamentos árduos sabendo que eles seriam entendidos.

A meu ver, se tivesse parado por aí, já teria feito, dentro dos limites de seu tempo, uma operação notável de promoção masculina das potencialidades das mulheres. No entanto, ele, como é sabido, não parou. Ou pelo menos foi o que pensei nos anos do ensino médio e da universidade.

Talvez ele tivesse percebido que o mundo das mulheres não era apenas o que estava imediatamente diante dos seus olhos: mães acachapadas pelas responsabilidades domésticas, moças casadouras vigiadas, meninas pobres expostas a todo tipo de violência, mulheres de hábitos dissolutos ou até mesmo mulheres gentis como Francesca, arrebatada pela leitura dos romances cavalheirescos. Talvez, nas linhas finais de *Vida nova*, ele já tivesse percebido que certas mulheres podiam ter perfis mais complexos, que havia figuras femininas radical e arriscadamente novas, muito mais novas do que aquelas, também novíssimas, às quais atribuía o entendimento de Amor. E era por isso que concluía seu livrinho com o propósito de não mais escrever sobre Beatriz se não encontrasse a maneira de forçar ainda mais as velhas formas e "dizer dela o que jamais foi dito de mulher alguma".

* * *

E ele realmente encontrará. Serão necessários vários anos, um viril peregrinar e muito estudo. Contudo, quando Beatriz reaparecer, na *Divina comédia*, não será mais apenas uma mulher que entende Amor nem será mais apenas a gentilíssima. Dante a transformará radicalmente com um toque de gênio, fazendo-a sair, como sinaliza Bianca Garavelli em seu comentário ao poema, do seu mutismo. Não sei se essa questão recebeu alguma outra alusão, mas sem dúvida merece e, de qualquer modo, para mim, pareceu fundamental que Dante tenha alicerçado o monumento à garotinha de Florença sobre o dom da fala.

Beatriz agora falava, e não falava de acordo com os pobres usos mulheris da língua, nem apenas para um breve cumprimento. Beatriz falava como um homem, talvez melhor. Declarava, por exemplo, como se fosse o próprio Dante, já no relato oferecido por Virgílio no canto II do Inferno: "Amor moveu-me, que falar me faz." E, no canto XXX do Purgatório, dava um salto de qualidade verbal que nos deixava boquiabertos. Enfim, Dante se esforçara ao máximo. Para dizer dela o que jamais fora dito de mulher alguma, havia *apagado* a primeira língua indefectível de Adão, unira-se a quem dizia que é obra natural que o homem e a mulher falem (Paraíso, XXVI) e dera a Bice Portinari, já definitivamente alheia às "meras mulheres" graças à morte, não apenas um assento no céu, mas uma fala e um saber fora do comum.

Chegamos, então, ao ponto que mais me entusiasmava e me entusiasma: Beatriz, entre Limbo e Éden e esferas celestes, torna-se uma autoridade indiscutível, misturando de propósito o feminino e o masculino. Em seus tons, é amante, mãe e, surpreendentemente, almirante. Tem, em sua vida no além-mundo, um prestígio que lhe permite atribuir ao eu narrador masculino, protagonista da "visão", uma qualidade exemplar que não difere daquela de Agostinho de Hipona e Severino Boécio. A sua autoridade de mulher do céu é tal que pode atribuir legitimamente àquele eu narrador, após uma viagem que durou sessenta e quatro cantos, o mesmo nome do autor: Dante.

E isso é só o começo. Logo depois, justamente por causa daquela sua posição hierárquica, Beatriz pode se dar ao luxo de censurar seu homem com a dureza de uma mulher que passou, literalmente, dessa vida para outra melhor, ou seja, uma vida não mais confinada ao despojo da linda garota de olhos jovens, mas vivida no corpo de uma pessoa já plenamente realizada. A sua reprimenda tem todos os sinais de revanche. É como se estivesse dizendo: olhe para mim, era esse meu potencial e você não entendeu minha transformação, ficou parado em um estágio que não me pertencia mais, ou seja, a culpa, pela qual Dante agora deve derramar lágrimas de arrependimento, é ter se mantido preso à imagem por ele mesmo potencializada de gentil mulher-sempre menina; não ter entendido a tempo a dissolução daquela imagem; é ter, pelo contrário, continuado a ressuscitá-la com "mocinhas" que, por sua natureza, não estavam habilitadas a uma forte consciência de si mesmas e do Amor, mas, no máximo, eram capazes de uma silenciosa compreensão do elogio em língua masculina. Em contrapartida, aqui está a consciência, a ciência e a fala com que uma mulher não mais atada pelos nós da vida terrena é capaz de *se embelezar*.

* * *

De onde Dante tirava os elementos para inventar essa Beatriz definitiva? Os estudos dos últimos trinta anos do século XX — aprendi com o tempo — mostraram amplamente como os papéis femininos, na Idade Média, eram mais variados e complexos do que os homens admitiam em seu cortejo. Havia mulheres cultas, havia mulheres que, por sua conta e risco, liam e comentavam as Escrituras. E, na verdade, se fizermos pacientemente a lista de quantas questões complexas o poeta-filósofo — aquele que no *Convívio* havia, democraticamente, distribuído saber a homens e, sobretudo, a mulheres de pouco ócio e muito negócio, compondo canções cheias de saber e de sentido e comentando-as sabiamente — atribuiu às competências de Beatriz, ficaremos maravilhados. Eu continuo maravilhada. E sinto vontade de comparar Dante a Mestre Eckhart, como o delineou Luisa Muraro em uma série de estudos sobre a mística feminina no fim do século em seu livro *Il Dio delle donne*. Assim como Eckhart absorve nos seus escritos a experiência das beatas, talvez Dante tenha reinventado poeticamente Beatriz ao observar as mulheres estudiosas e comentadoras das Escrituras. Não se trata de confirmar o lugar-comum de uma Beatriz símbolo da Teologia. Beatriz não é (somente) um símbolo. Dante a imagina, literalmente, como uma mulher que tem entendimento de Deus e linguagem especulativa, modelando-a — gosto de pensar — a partir do eco de figuras como Matilde de Magdeburgo, Hildegarda de Bingen, Juliana de Norwich, Margarida Porete ou Ângela de Foligno, *magistra theologorum*. Faz isso, é natural, atribuindo a uma figura feminina competências científico-teológico-místicas que são as suas, extraídas dos seus estudos, de uma de suas costelas. Contudo, ao fazê-lo — naquele seu *inleiarsi*, digamos, tornando-se ela —, chega a imaginar — com o seu racionalismo tingido de misticismo, com o seu realismo visionário — o que é possível para as mulheres. E, por isso, devemos ser-lhe gratas. Ele fez, com aquele monumento, mais do que muitos outros ao longo dos séculos. Paciência se "Dante" — a palavra inaugural daquele primeiro discurso de Beatriz inventado no canto XXX do Purgatório — soa um pouco como um decalque da palavra "Deus" na boca de Adão, quando a figura de pó do primeiro homem recebe do seu criador o dom da palavra e, pela primeira vez, com devoção, fala com ele.

1ª edição	JANEIRO DE 2023
reimpressão	FEVEREIRO DE 2023
impressão	BARTIRA
papel de miolo	PÓLEN NATURAL 80 G/M²
papel de capa	CARTÃO SUPREMO ALTA ALVURA 250 G/M²
tipografia	FAIRFIELD LT STD